藤本梨惠子 著

學會「體貼」，讓人生更加順遂

不消耗、不勉強自己的100個貼心小習慣

「愛是用大量的愛來做很多小事。」

德蕾莎修女

前言

如果能夠成為「善於察言觀色卻不會覺得疲憊的人」，那應該可以活得更輕鬆吧？

體貼其實與料理類似。

烤肉不一定是宴客的佳餚，壽司也未必是最高級的招待料理，烹調時必須考慮到對方的身體狀況、口味喜好以及季節性的食材與料理的方法。

舉例來說，感冒臥床不起時，就會想吃稀飯；夏天很炎熱時，自然會想吃用小黃瓜和番茄做成的清爽沙拉；寒冬最好的選擇是吃了就能從身體深處暖和起來的火鍋料理。

也就是說，料理要配合對方的需求才會成為宴客的佳餚。就算是使用高級的食材做出的精緻料理，只要沒有考慮到眼前要吃這道菜的人，那對方就不會愉悅地覺得料理「很好吃」。

同樣地，「體貼」也不是只有一個「這麼做就可以解決一切」的方法。重點是要配合對方隨機應變。即使面對的是同一個人，在對方活力充沛時和心情沮喪時，要說的話也會不同。

不擅長料理的人只是因為沒有學習烹飪的機會而已。在了解食材的特色、料理的方法以及食物與健康的關係後，就能為要享用食物的人製作出適合的料理。如果在體貼的同時也能理解人的內心，那就會知道要如何與他人建立良好的關係。體貼是可以經由學習獲得的能力，就如同學習料理手藝就會變好一樣。然而若因每天都得自己煮飯感到痛苦不已，將無法持之以恆地做料理。體貼也是相同的道理，擔心被討厭而過於顧慮到他人，會使自己太過順從對方，進而無法長久持續下去。換句話說，即使為了他人犧牲自己的人生，也不會獲得成功。

在這裡，我想問各位幾個問題。

對你而言最重要的人是誰？

那個人是什麼樣的人？

那個人是有錢人嗎？

是外表秀麗端莊，腦袋清晰、聰明的人嗎？

是具有名氣和影響力的人嗎？

在大部分的情況下，心中最重要的人應該都不是如上述所形容的那樣。各位內心浮現出的那個人，想必是個給予你愛與關心、相當溫柔的人。

許多人為了成為被需要的人，會努力成為優秀的人、賺大錢出人頭地並改變自己的外貌和體型。

然而，其實不必做到這種程度，只要對他人抱持著關愛，你就會得到愛以及成為對方需要的存在。

同時，你的愛和關心也必須傾注在自己的身上。因為沒辦法愛自己的人，就無法真心去愛其他人。除了工作、機會和金錢，運氣也會帶來人緣。由此可知，體貼具有改變人生的力量。

非洲有句諺語說道：「一個人能走得快，但一群人才能走得遠（If you want to go fast, Go alone. If you want to go far, Go together）。」

至今為止，你可能一直在獨自苦惱「太過顧慮別人而感到疲憊」、「不知道與他人之間要保持多遠的距離才會比較舒適」、「到底要怎麼樣才算是善於察言觀色的人」。不過，從現在這個瞬間開始，請和我以及本書裡出現的人物一起朝著目標前進吧！

如此一來，相信各位一定能夠抵達遙遠到無法獨自一人前往的「體貼的世界」。

藤本梨惠子

◎學會「體貼」，讓人生更加順遂 不消耗、不勉強自己的100個貼心小習慣

第2章 說話法、傾聽法篇

第3章

職場、工作篇

第4章 體貼小細節篇

第5章

體貼的經驗分享篇

第6章 利休七則篇

第7章 練習體貼篇

第 1 章

體貼基本篇

01

體貼應該要像粉雪一樣

粉雪（powder snow）的特徵是，相較於一般的降雪，空氣中的含水量少，摸起來較為乾爽。

體貼也是相同的道理，在關心對方後瀟灑地不留下任何痕跡，才是所謂的體貼。我們很常將即溶咖啡、番茄醬和蘋果等食材拿來當作咖哩的美味祕方，但之所以會覺得美味，就是因為這些食材不會彰顯自己的存在感。當咖哩中飄出咖啡的香氣，那這道菜就不能再稱作是咖哩。

想要他人注意到自己展現出的善意，就如同飄出咖啡味的咖哩。這是因為心裡存在著想要得到肯定的欲望，也就是「希望對方看看自己」。

我的烹飪課老師會隨手清理路邊的垃圾，即使垃圾不是在自己的停車場，他依然會撿起來扔掉，就連他人丟棄的便利商店袋子裡裝有便當的廚餘，他也會毫不猶豫地清理乾淨。當然，不是每個人都會注意到並感謝這些付出的善意。但老師卻對我說：「我會清理那些他人隨手丟的垃圾，是因為我覺得應該要讓那個空間成為一個舒適的地方。」這種體貼就像是粉雪一樣，落在肩膀上馬上就會消失，是一種不求任何回報的體貼。

我小時候很喜歡在廟會買棉花糖，因為看起又白又鬆軟，感覺就像是在吃雲朵或白雪一樣。不過，當我撕下棉花糖放進嘴裡時手會覺得黏黏的，口中的棉花糖消失後，嘴裡也會有黏黏的感覺。這並不奇怪，畢竟是用砂糖做成的點心，不是真正的雲朵或白雪。

如果跟吃完後會覺得黏黏的棉花糖一樣，那就不是真正的體貼。**真正的體貼是，連對方都沒有注意到，自己也不會因此而受傷，做完後絲毫不留痕跡，就像粉雪一樣乾爽地消失。**

不會彰顯「這是我釋出的善意」並要求對方感謝自己的施恩，才是體貼不為人知的祕方。

不要求他人對自己的施恩表示感謝！

02
考慮到不在現場的人會遇到的情況

不同於已經電子化的現在，過去在辦公室裡的員工共用櫃上面都會放有請假時要填寫的申請表。有些人在拿走最後一張申請表時，會為了下一位要使用的人，先將申請表拿去影印，但也有部分的人會就這樣直接拿走。

拿走最後一張申請表時周遭沒有別人，但內心會考慮到下一個使用申請表的人，這就是體貼。

所謂的體貼其實就是指想像力。

在身旁有其他人時，應該有很多人都會說一聲：「這是最後一張，要再影印喔。」只要能夠看到、聽到和感受身旁其他人的情況，我們自然就會為對方著想。然而，**在獨自一個人的時候，很難想像出其他人會遇到的情形**，更遑論趕時間的時候。

無論是為了下一個使用的人補充影印紙，還是處理碎紙機裡的垃圾，都要在時間充裕的情況下才能做到。

育有五個小孩的演員哀川翔曾說過：「當廁所的衛生紙只剩下捲筒，沒有補新的衛生紙時，我會把孩子們叫來罵一頓。」畢竟大家庭的人口眾多，衛生紙很快就會用完。

如果包括孩子，全家人都無法想像下一個使用者會面臨的情形，那就只會增加媽媽的負擔。所以哀川先生這麼做，是為了教導孩子要替媽媽以及下一個使用者著想。

廁所衛生紙用完後補充新的衛生紙是家人之間的體貼接力賽。顧慮到不在現場的人，為下一位上廁所的人補充新的或是準備其他用品，是將體貼的接力棒交給下一個人的行為。

只要將自己的體貼傳遞給他人，體貼的接力棒必定會再次傳到自己手上。

也就是說，體貼的能量具有釋放後再次回到自己身上的特性。

將體貼的接力棒傳給下一個人！

03 鍛鍊想像力

能夠體貼的人是指，可以察覺對方的心情，事先採取行動的人。因此，體貼是由愛和想像力所構成。那應該要怎麼做才能增強想像力呢？答案就是，親身去體驗許多只能依靠想像的情況。

有過育兒經驗的人可以藉由嬰兒的表情和哭鬧的方式，來想像孩子想要的是什麼並順利安撫他們的情緒。同樣的道理也適用於養寵物的人。基本上，狗和貓只會「汪汪叫」和「喵喵叫」，只能透過解讀表情和叫聲的微妙變化，來想像寵物是「肚子餓」、「覺得孤單」還是「想要人陪玩」並進行應對。也就是說，推測不會說話的嬰兒和動物的內心，能幫助我們想像對方心情，並做出體貼的行為。

除此之外，閱讀懸疑小說時，從不同角度來看待事物也可以用來訓練想像力。如果能夠完全沉浸於故事，將自己視為主角，想像眼前的場景，效果會更好。可以清晰地想像出畫面，宛如自己現在正在體驗那件事，在NLP（Neuro-Linguistic Programming，身心語言程式學）中稱為「結合（Association）」。這是指站在對方的角度，就像是在面對自己的事情一樣。

日常生活中也必須要和與自己的價值觀完全不同的人聊天，因此，除了家庭、公司外，融入社群也很重要。

我曾聽到一位相親不順利的男性說：「希望結婚的對象和我的父母住在一起，這樣我在工作的時候，她才不會覺得孤單。」當時我驚訝到差點從椅子上摔下來。

我回道：「比起和公婆住在一起，現在的女性覺得自己獨自一個人更輕鬆愉快喔！」聽我說了這番話，他感到非常訝異。

自古以來婆媳之間經常發生糾紛，與朋友聊天或是看電視劇就知道，就算同居，也有兩代住宅這種保有小家庭空間的生活方式。與自己的雙親住在一起，以及與公婆住在一起，從內心的顧慮來看，兩者給人的感受天差地遠。

無法為人著想的人，不會接觸自己不感興趣的領域，所以他們欠缺獨自思考時所需要的資訊，導致想像力較為貧乏。

對各種領域保持探索興趣，可以幫助鍛鍊想像力！

04 讓對方的心情比與你見面前更好

檢驗自己的體貼是否奏效的標準是「在與你見面之後，對方的心情是不是有比之前還要好」。

當我開始從事諮商師的工作後，有一些人會因為就業或戀愛方面的煩惱來向我諮詢。以下是曾經出現過的對話。

學生：「招聘人員對我說：『你是不是沒辦法想像這份工作是什麼樣子？』……聽到他這麼說後，很擔心自己拿不到內定……」

我：「學生本來就很難跟社會人士一樣理解工作的內容，但如果拜訪校友或是進行企業研究，腦中就會逐漸想像出工作的畫面。要不要給予內定資格是由企業來判斷，不是自己可以控制的，因此，努力做好自己能控制的事情吧！像是企業研究和面試練習。A的優勢不就在於熱情不服輸嗎！」

當我這麼鼓勵他後，他笑著回答：「說的也是！」比起剛來找我的時候，他的精神明顯好多了。

感到沮喪的人只要重新振作起來，就會產生出解決新課題的幹勁。**在心理學上也有一種說法是，心情好的人會表現得更好。**

所有的商品和服務必須要讓顧客在購買後，心情比購買前還要好，這就是高滿意度的證明。畢竟顧客買的不是商品和服務而是好心情。

也就是說，**體貼能夠讓對方的心情變好，並自然而然地提高他們的表現。**

《湯姆歷險記》的作者馬克・吐溫表示：「請遠離嘲笑夢想的人。器量愈小的人愈想要刁難他人，真正器量大的人會讓他人認為『我做得到』。」

如果要讓對方能在工作上和日常生活中展現出最佳的表現，那就要支持對方的人生。

思考要如何才能夠讓對方的心情變好！

05 重新檢視自己出於好心所做的事

A對同事說：「快點做這個工作！真的是，不管交給你什麼事情，你都做得很慢耶！」這句話在人際溝通分析心理學中稱為「漠視（Discount）」。

「漠視」是指輕視自己或對方的人格、能力或情況，或是無視並扭曲事實。漠視會藉由不給予對方的價值應有的肯定，影響對方積極努力的態度，或妨礙他人以有建設性的方式來解決問題。

「快點做這個工作」→請求

「真的是，不管交給你什麼事情，你都做得很慢耶」→漠視（輕視對方的能力）

不夠體貼的人會不自覺地對他人表現出漠視，而且這種漠視往往連本人都沒有察覺。

由於A經常對同事使用漠視的言詞，於是主管對他說：「A的話已經對他人造成傷害，請注意自己的用詞。」

然而A卻表示：「我是希望對方更努力一點才會這麼說的。」

事實上，具有職場霸凌特質的人，並不會注意到自己正在漠視對方。

而且他們會試圖將自己說的話合理化，例如「我在新人時期也受過嚴格的指導，所以才會有現在的我」等，完全沒有傷害對方的自覺，因此會反覆地讓對方感到厭惡。

經過主管的警告後，A大概有一個月沒有對其他人說出漠視言詞，但當事情大致上都平息後，他又故態復萌。因為他覺得這麼說話是為了對方好。

為了避免忘記為對方著想，重新檢視自己出於好心所做的事也很重要。

「是不是漠視了對方的人格和能力？」能夠做到回顧自身言行，才稱得上是體貼的人。

回顧自身的言行，確認自己是否正在漠視他人！

06

體貼他人是為了自己而不是對方

A身為頂尖業務，擁有廣大的人脈。有一天，A遇到一位贊助合約遭到終止的運動員，他覺得這位運動員的選手生涯就此結束很可惜，因此，A將運動員介紹給他在當地認識的一位企業經營者。最後運動員成功與企業簽訂了贊助合約。

A對此表示：「我想盡可能地回應那些專程來拜託我的人，不想辜負他們對我的期待。我這麼做是單純為了滿足自己『想要幫助他人』的心願。」

儘管A每天從早到晚忙到腳不沾地，但只要找他商量，即使是與他的工作沒有直接關係的事情，A也都會盡自己所能地給予幫助。因為對A來說，為了他人去做某事已經成為習慣，體貼對方就像呼吸一樣自然。

養了六隻中途貓的B，在寒冷的冬天收留了一隻瘦骨嶙峋的老貓，這隻貓因為差點被烏鴉襲擊嚇到動彈不得。B將貓帶去找獸醫時，獸醫告知說這隻貓的壽命已經不長。儘管如此，B仍然為這隻患有嚴重腹瀉的老貓取名為「阿幸」，並盡心盡力地照顧牠。

B對此表示：「我沒辦法裝作沒看見。如果就這樣對牠棄而不顧，我會滿腦子都在想這件事，晚上也無法入睡，可能會因此精神崩潰……。所以我做這件事是為了我自己。」

B目前是在家養病的同時幫忙先生處理工作。即便如此，他仍然抱持著不是為了貓，而是為了自己的想法，努力地照顧那隻老貓。

A和B的共同點是，**為了對方主動關心他人，並且認為「我做這件事是為了我自己」**。因為他們能夠視他人的幸福為自己的快樂。

每次看到這兩個人，我的腦中總是會浮現「善有善報」這句話。這句話的意思是，只要待人友善，這股善意會在外面繞一圈後回到自己身上。

友愛地體貼他人，付出的善意最後會反饋給自己。所以這兩個人的周邊都是親切友善的人，而且在工作方面也都很順利。

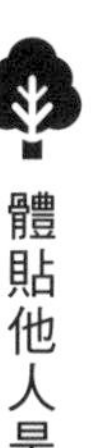

體貼他人是為了自己！

07 了解自己的體貼所在的位置和終點

我作為諮詢師和教練，與許多人接觸的過程中，發現了為體貼而苦惱的人，和擁有超凡的體貼，在職場、家庭和人際關係上順利進行溝通的人之間的差異。我在「體貼象限圖」中將這個差異分成四個區域。這張圖表是根據美國心理學家艾瑞克・伯恩（Eric Berne）從心理學角度開創的人際溝通分析（Transactional Analysis，簡稱ＴＡ）理論的「心理地位」所製作。

①（自己）精神奕奕＋站在對方的角度＝活力充沛的雙贏區

②（自己）疲乏困頓＋站在對方的角度＝精疲力盡白忙一場區

③（自己）精神奕奕＋站在自己的角度＝自以為了不起的自我中心區

④（自己）疲乏困頓＋站在自己的角度＝灰心喪志的抱怨區

你位於哪個區呢？

旅行必須要有地圖，地圖中有兩個重點。

①終點（目的地）

②現在的位置

即使確定最後的終點，只要不知道現在在哪裡，就無法到達目的地。

透過「體貼象限圖」了解你的體貼現在所在的位置，並以只有你自己才能做到的終點為目標前進。

了解自己！

體貼象限圖

精神奕奕

自己的角度

對方的角度

自以為了不起的自我中心區

- 對其他人沒有興趣
- 愛自己
- 自以為是，不在乎他人
- 不會考慮他人的心情，有些地方令人厭惡
- 具有支配性、攻擊性
- 會把錯誤推給他人

●根據人際溝通分析（TA）的心理地位，屬於第3種地位
I am OK. You are OK.
（我好，你不好）
認為自己有能力又有價值，但在對方眼裡是能力不足又沒有價值的類型。想控制他人，將不好的事情歸咎於對方。需要他人費心應對。

活力充沛的雙贏區

- 體貼他人就像呼吸一樣自然
- 能夠主動為他人著想
- 透過與他人交流打起精神
- 時常抱著感恩的心
- 喜歡他人也喜歡自己

●根據人際溝通分析（TA）的心理地位，屬於第1種地位
I am OK. You are OK.
（我好，你也好）
尊重並重視自己與他人的價值。這個區域的人大多都可以自然而然、毫無負擔地為他人著想。

灰心喪志的抱怨區

- 不信任他人
- 覺得孤獨
- 覺得活著好難
- 認為自己不好，但整個社會和其他人也都不是什麼善類

●根據人際溝通分析（TA）的心理地位，屬於第4種地位
I am not OK. You are not OK.
（我不好，你也不好）
覺得自己和對方都毫無價值，否定他人對自己付出的愛，躲在自己創造的殼裡面不願出來。無法和他人深交，光是照顧自己就用盡心力，沒有餘裕可以顧慮對方。

精疲力盡白忙一場區

- 過於顧慮他人導致身心俱疲
- 太過迎合對方以致於失去自我
- 在意周圍對自己的想法
- 無法長期維持為他人著想的心態
- 沒有自信

●根據人際溝通分析（TA）的心理地位，屬於第2種地位
I am not OK. You are OK.
（我不好，你好）
認為對方有能力和價值，但對自己沒有信心。有被動、自卑和自我貶低的傾向。會以壓抑自我的方式顧慮對方，也很在意他人的眼光和對自己的想法，導致身心俱疲。

疲乏困頓

08 體貼就跟呼吸一樣自然

能夠跟呼吸一樣理所當然地體貼的人，所處的區域就是上一頁圖表裡的「活力充沛的雙贏區」。從人際溝通分析的「心理地位」來說，這個區域的人抱持的心態是「I am OK. You are OK.（我好，你也好）」。他們認為，無論是自己還是對方都具有價值，也都很值得重視（自己的價值觀＋他人的價值觀＝世界觀）。換句話說，就是《哆啦Ａ夢》裡的靜香類型。

靜香在去補習班的路上，朋友問她要不要一起去玩，靜香回答：「抱歉，我今天要補習，下次再約吧！」這樣的回答在尊重對方的同時，也能成功達成去補習的目的既不會勉強自己以扼殺自我的方式來體貼對方，內心也不會因此累積壓力。

那有多少人從一開始就能做到自然而然地體貼他人呢？其實大部分的人在剛開始都不太擅長做這件事，但在多次嘗試的過程中，慢慢地就能學會如何在不勉強自己的情況下，做到讓對方和自己都能感到心情愉悅的體貼。

舉例來說，在一天內吃完十箱納豆，但在其他時候卻一口都不吃，這對健康來說毫無幫助。發酵食品要每天攝取才會發揮出有益身體健康的效用。

體貼也是同理。只有一天體貼對方，其他時候不將對方放在心上的話，根本無從建立起良好關係。若想要每天都做到體貼，前提就是不要勉強自己。只要能像呼吸一樣自然體貼他人，就能長久地堅持下去。

體貼是指將氣（能量）分給對方，首先要做的是從對方的角度來看待事情。當能量耗盡，就無法將氣注入到他人身上。也就是說，真正能做到體貼的人，對自己的態度也會像對他人一樣友好。

精神上的能量有限，若是勉強自己，或是為了配合對方總是選擇忍耐，能量很快就會消耗殆盡。就好比每個月有固定的收入，但為了供養對方而大手大腳地花錢，終將走上破產一途。

所以要如同儲蓄般，不要浪費精神上的能量，也必須要照顧好自己，充實自身的精力。能夠重視自己和對方的人，才能夠長久地為他人著想。

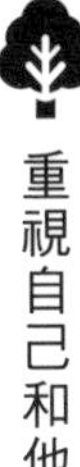

重視自己和他人！

09

扼殺自己的體貼很危險

有一種人很受歡迎，但卻用著會讓自己感到疲憊的方式在體貼他人。這就是位於**「精疲力盡白忙一場區」**的人。

從人際溝通分析的「心理地位」來說，這個區域的人抱持的心態是「I am not OK. You are OK.（我不好，你好）」。這類人覺得對方是有價值且值得尊重的存在，但卻認為自己沒有價值。換句話說，就是《哆啦A夢》裡出現的大雄類型。

當胖虎強行邀請大雄參加他的演唱會時，大雄即使不願意也無法開口拒絕。因為大雄缺乏自信，不善於說出自己的想法。就如同大雄所說的「哆啦A夢真厲害，哪像我什麼都做不到」一樣，這種人能夠尊重對方，但卻無法重視自己。

在為許多人提供諮詢的過程中，我覺得日本人最常見的類型就是處於「精疲力盡白忙一場區」的人。

日本社會普遍認為謙虛就是美德，重視「無微不至地招待客人，讓客人心滿意足」的精神。正因為如此，日本人才會以扼殺自己的方式來配合對方。甚至有人會認為配合對方是理所當然的事情，完全沒有察覺到自己正在忍耐。

忍耐會為內心帶來壓力，所以位於「精疲力盡白忙一場區」的人沒辦法長時間地體貼他人，還會因為感到疲憊而不想見人。而且**在過度忍耐的狀態下，常常會突然失控暴怒，導致人際關係在無意中遭到破壞，進而陷入自我厭惡的情緒中。**

一個人為了達成目標而選擇忍耐，這個行為在心理學上稱為自我調整（self-regulation）。一般認為，在自我調整的過程中，會消耗特定的能量（調整資源）。目前已經證實，當調整資源耗盡時，就會喪失自我調整的能力。也有人認為，調整資源的枯竭也是引起反社會行動的原因之一。就如同「一直都很乖巧的孩子突然發脾氣」一樣，這就是為什麼會有人因為忍無可忍而大發雷霆。

在心理學上，當他人喜歡的是扼殺的自我，而不是真正的自己時，就算受歡迎也不會讓人有受到認可的感覺，當然也不會因此產生自信。所以**從體貼的角度來看，忍耐不是美德，而是一種危險的行為。**

捨棄需要忍耐的體貼行為！

10 不必為人著想的自我中心之路

按照自己的想法行動，不會去關心他人，這就是位於**「自以為了不起的自我中心區」**的人。

從人際溝通分析的「心理地位」來說，這個區域的人抱持的心態是「I am OK. You are not OK.（我好，你不好）」。這類人認為自己很了不起，並覺得對方沒什麼大不了的。換句話說，就是《哆啦A夢》裡出現的胖虎類型。

就算對方不願意，胖虎也會強迫對方來參加自己的演唱會，喜歡控制他人且態度自我中心，沒辦法顧慮他人的感受，相當地我行我素，例如喜歡對人講話，但討厭聽人說話等。**無論做什麼事都是以自我為中心，所以並不會出現因為太過於配合對方而感到疲憊的情況。**即使失敗，也會將責任推卸給對方。

認為自己比他人優秀，面對家人、公司同事和下屬時總想要控制對方。而且由於看不起對方，行為舉止上會帶有強迫性。態度自以為是、具批判性，與這種人相處會很耗費心力。

為什麼這類人會採取這樣的行動呢？

從心理學的角度來說，這種行為相當於是心理防衛機制（Defense mechanism）的「投射」。所謂的心理防衛機制是，下意識逃避因為焦慮和矛盾而痛苦不堪的現實，以保護自己的作用。

其中「投射」是指，認為對方具有自己心中「不想面對的缺點」或「不願面對的情感」。之所以注意到他人的缺點或是對他人的行為感到厭煩，其實是因為在壓抑自身討厭的部分，例如情結（complex）和自卑感等。

但是心理防衛機制是在無意識，也就是在沒有自覺的情況下形成。因此，本人並沒有注意到自己正在將自身的缺點和討厭的部分投射到對方身上。

一般人都會遠離具有批判性、覺得自己總是對的、大家都應該關心自己的人。**沒有人願意面對一個每次見面都好像得看他臉色一樣，讓人勞心勞神的人。**換句話說，不讓人費心也是一種體貼。

不讓對方費心！

11 避免耗盡自己體貼的能量

處於**「灰心喪志的抱怨區」**的人應該要做的不是顧慮他人，而是照顧自己，補充自身能量。

從人際溝通分析的「心理地位」來說，這個區域的人抱持的心態是「I am not OK. You are not OK.（我不好，你也不好）」。這類人覺得自己不好，但同時也認為整個社會和他人也不是什麼善類。而且他們找不到人生的價值，並且對此感到疲憊。

俗話說「巧婦難為無米之炊」，如果錢包裡沒有錢，就無法提供金錢上的支持。相同的道理，**當自己的精神能量耗盡時，就沒有餘力顧慮他人。**

現在應該有人在想說自己是不是處於「灰心喪志的抱怨區」，但請不用擔心。一般來說，人不會一直停留在同一個區域，而是會根據情況轉換區域。

因此，即便是在「灰心喪志的抱怨區」的人，也可以轉移到自己期望的區域，學會要怎麼體貼才能不讓自己疲憊，也不會讓對方感到不適。

就好比收容所裡的流浪狗，因為長年生活在嚴苛的環境中，自然會對人類產生戒心，露出具有攻擊性的凶狠表情，看到人會狂吠，甚至還會咬人。然而，在新的飼主傾注愛意，並提供能讓狗狗安心生活的環境後，牠們就會變得和顏悅色且親人。

關於人類的人格形成，心理學家也一直在爭論到底是受到遺傳因素的影響還是環境因素。針對「與生俱來和後天教養，到底哪一個會對人產生影響？」這個問題，現在有愈來愈多人認為，兩者的影響力各占一半。

然而，**「是否能夠體貼」不是遺傳上（與生俱來）的問題，而是由將自己放在什麼樣的環境來決定。**最重要的是，要把自己放在一個只要能夠關心他人就能補充精神能量的環境。

不要做一些會讓自己感到疲憊的體貼行為！

12 滋養心靈

美國心理學家艾瑞克・伯恩（Eric Berne）表示：「人是為了什麼而活？是為了獲得撫慰（stroke）。」

在艾瑞克・伯恩開創的人際溝通分析心理學中指出，就像人體需要營養和睡眠一樣，**為了獲得健全的心理發展，就必須要有心靈的營養。所謂的心靈營養就是「撫慰」，即「認同對方的存在和價值的作用（刺激、接觸）」**。

撫慰有分幾個種類，大致上可分為撫摸、拍打等身體上的撫慰，以及露出笑容、怒目而視等精神上的撫慰。無論好的方面還是壞的方面，對人來說，衝擊最大的都是身體上的撫慰。因此，受到虐待的人，會有強烈的恐懼心理；在愛的擁抱下成長的孩子，會有更高的自我肯定感。

此外，怒吼、愚弄和毆打等會令人感到厭惡並喪失自信和欲望的行為稱為否定（負面）撫慰；相反地，露出微笑、稱讚和感謝等接收到後會感到開心的行為稱為肯定（正面）撫慰。

所謂的體貼就是指，向對方投出正面撫慰。

在人際溝通分析中顯示「給予對方正面撫慰，對方有百分之五十的機率也會給予正向的反應。但若是給予對方負面的撫慰，對方做出負面反應的機率幾乎是百分之百」。

不過，接收到撫慰後是否覺得開心，取決於對方解讀的方向，而不是由自己來判斷。所以最重要的是要想像對方的心情。

體貼也一樣。即使是出於好意而行動，也不知道對方會不會欣然接受。相對地，如果是用沒有感情的冷淡態度來應對，幾乎有百分之一百的機率，對方會給予令人不悅的反應。因此，為了建立良好的人際關係，首先必須由你自己開始實行愛的體貼。

當然，不可能每次都能夠做到這點。但就如耶穌基督所說：「你們要給人，就必有給你們的。」同理，在體貼和人際關係中，也要透過自己的努力來獲得好的結果。

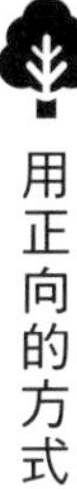

用正向的方式與人來往！

第 2 章

說話法、傾聽法篇

13 站在對方的立場發言

無論是誰，最感興趣的對象都是自己。能夠體貼他人的人會理解對方的價值觀和背景再進行談話；相反地，無法體貼的人則會根據自己的價值觀和背景發言。

單身的A表示，和已婚且育有兩個孩子的友人B的聊天話題，讓她感到很痛苦。

B：「A都不結婚嗎？」

A：「工作很忙，而且也沒有遇到好的對象……」

B：「不結婚也沒關係，但還是要生小孩比較好。小孩真的好可愛喔～」

A：「嗯……（苦笑）」

其實A每次都煩躁地想：「我也想結婚啊！但就工作很忙，一直沒有遇到適合的人。什麼叫做不結婚也沒關係，但還是要生小孩比較好？她知道單親媽媽一個人養小孩有多辛苦嗎？」

B說這些話沒有惡意，只是希望朋友也能跟自己一樣生小孩，過上幸福的生活。

但她並沒有考慮到對方的立場，所以A才會痛苦地覺得：「單身又不是罪，幹嘛每次都要我趕快結婚。」

接下來讓我們看一下立場交換的情況。如果A對因為要照顧小孩沒辦法工作的B說以下的話，B會怎麼樣呢？

A：「B什麼時候要回去上班？」

B：「孩子還小，還要再等一陣子才有辦法上班……」

A：「孩子養到上大學要花很多錢，而且如果都不工作，會與社會脫節喔！」

聽到這些話的B心情應該會不好受吧？也就是說，**說話時要注意並理解對方所重視的價值觀和背景，而不是以自己的價值觀和背景為談話的基礎。**

若是可以根據對方的價值觀和背景進行對話，例如對A說「你現在工作很忙嗎？真辛苦啊～」或是對B說「孩子長大了呢！育兒有遇到什麼狀況嗎？」，對話上會更熱絡，而且也不會讓對方感到痛苦。

理解對方的價值觀和背景後再發言！

14 選用不會讓人覺得高高在上的詞彙

能夠體貼他人的人，可以讓見面的對象感到心情愉悅。話是這麼說，還是會有許多人覺得很難做到。若覺得要振奮對方的情緒並不容易，那就單純要求自己不要讓他人感到不愉快即可。最能避免使對方感到不適的方式是，對每個人說話都要使用有禮貌的詞彙。

例如要注意自己對餐飲業服務人員說的話。當服務生問說需要點什麼時，

A：「咖啡。」

B：「請給我一杯咖啡。」

各位覺得哪一種說話方式給人的感覺比較好呢？

再舉一個例子，在買車票的時候，

A「一張大阪到名古屋的對號座。」

B「請給我一張大阪到名古屋的對號座。」

各位覺得聽起來如何呢？

身為客人時，說出來的話也不會讓人覺得高高在上的人，就是能夠體貼他人的人。行為舉止會為工作人員帶來好心情的人也是能夠體貼他人的人。

之前在便利商店支付多張帳單時，聽到店員問我：「需不需幫您將收據訂在一起？」然後我回答：「那就麻煩了，這個服務真是貼心。」店員聽到後也笑著對我說謝謝。

當店員提供貼心服務時對他表示感謝，店員的心情也會變得愉悅。如此一來，店員有很大的機率會以愉快的心情面對下一位客人。

畢竟心情好的人，工作上的表現也會更優秀。

體貼是一種能量，自己釋放出良好的能量會傳遞給對方並產生正向的循環。**體貼行為會產生愉悅的心情，進而建立良好的人際關係並創造出理想的工作。**體貼是將體貼的接力棒交給對方，長此以往，就能夠打造出和平的世界。

行為舉止不要讓對方感到不高興！

15「我之前不就說過了？」不是一句好話

當公司內的員工尋問資深員工A：「這個案子是這樣處理嗎？」A都會用嚴厲的語氣回答：「我不是有寫在信裡嗎？」

但像是新來的員工等尚未熟悉業界的人，即使電子郵件中已經進行說明，有時也可能會出現看漏或是看不懂的情況。說到底，如果大家都看得懂，當然也就不會有人提出問題。「不是有寫嗎？」這種話缺乏體貼對方的心情，會讓人感到厭惡。

A可能是想要提醒對方「仔細看清楚」，但沒有人在聽到這種說話方式後，腦中會冒出下次應該要多加注意的想法。

人在自尊心受到傷害後，儘管表面上說著「抱歉」，內心也會認定對方是個「討人厭的人」並敬而遠之。

提出建議的人聲稱「自己這麼做是出於正義感以及為了對方好」。然而，從心理學的角度來看，人在內心感受到的是「受到責備」＝「危險」，進而選擇封閉內心。人在心情好的時候才會發揮出優秀的能力，因此，並不能指望「我之前不就說過了？」這種話能夠提高員工的工作效率。

另一方面，當有人對為人親切的B提出相同的問題時，B會笑著回答：「這個案子是這樣做沒錯喔！前幾天發的郵件也有註明，可能是我寫得太難懂了。」沒必要讓對方難堪，這就是所謂的體貼。

像B這樣的應對方式，對方下次就會更加注意，而且無論是聽話者還是說話者雙方都能愉快地工作，B的聲譽也會提高。

德國哲學家弗里德里希・威廉・尼采（Friedrich Wilhelm Nietzsche）表示：「對你來說最具人情味的事情是不讓任何人感到難堪。」

愚者說的話，會發射出使對方的內心感到陰沉、沉重和冷漠的能量；相對地，智者說的話充滿了會使人的內心感到明亮、喜悅和溫暖的能量。而且能量就像是迴力鏢，自己釋放出的能量最後會回到自己身上，這就是所謂的建立人際關係。

冷淡的能量是無法建立起信賴關係的。

使用智者的話語，讓對方的內心感到明亮、喜悅和溫暖！

16 不要直接將腦中的想法說出口

不懂得體貼的人，會直接將自己的想法說出口。本人只是如實表達出腦中的想法，並沒有惡意，但這樣可能會傷害到對方。

相反地，能夠體貼的人，會站在對方的角度思考「當我聽到他人說這句話時會有什麼樣的心情」。

我過去在參加某個教練研討會時，有個破冰活動的內容是「將初次見面的夥伴比喻成一種動物」。

當時我的夥伴對我說：「你看起來跟紅毛猩猩很像，因為有一些頭髮的顏色是橘色的。」

沒有哪一位女性在被他人說自己長得像猩猩後會感到開心。更何況教練應該要在見面後馬上找到對方的優點，激勵並提高對方的動力，因此我當下失望地想說「這個人真是沒品」。

再舉一個銷售員A的例子，A對前輩說：「前輩身上穿的衣服是去年的流行款對吧？你好珍惜物品喔！」結果前輩對他露出厭惡的表情。因為這種說話方式會讓前輩覺得自己是一個節儉到穿著老舊衣物的人。

A同樣也屬於想到什麼就說什麼的類型，並沒有惡意。但在對前輩說話時，還有許多不同的選擇，例如「好好看喔！這樣的穿搭方式也很讚耶！」等。

這兩個人的共同點是，沒有將重點放在對方是否會感到愉快，沒有將心中的箭頭指向對方。

心中的箭頭只會指向自己的人，不會對他人產生良好的影響。重點在於，在將內心的想法說出口前，**思考的重心要放在眼前這個人的身上，考慮對方在聽到後是否會覺得開心再說出第一句話。**

考慮對方的心情後再說出第一句話！

17 不要說出帶有強烈防禦本能的開場白

直接將想法說出口固然是問題，但思考過度導致開場白太冗長也是一大問題。

那些因為開場白受到喜愛和讓人感到厭惡的人有什麼樣的差別呢？

由於開場白受到喜愛的人，在說話前會先思考對方的感受，也就是處於心中的箭頭朝向對方的狀態。

相反地，開場白的內容使人感到厭惡的人，說話之前考慮的是，說了這些話對方對自己會有什麼樣的想法。這是處於心中的箭頭指向自己的狀態。

頂尖業務在發言之前會先考慮客戶的想法。因此他們會用「非常抱歉……」、「這只是我個人的想法」等，說話時會留意避免讓對方感到不適。

也就是說，在開口說話前，先預測對方聽到這個話題會覺得高興還是不高興。

另一方面，**開場白的內容讓人厭惡的人，常常覺得接下來會被對方會責備，所以不得不先說出這些話。**因為他們具有很強烈的防禦本能。

例如「關於這件事，我本來想先去拜訪您再來談的……但假期剛結束，又覺得您應該很忙，所以這麼晚才聯繫您……」等，為了保護自己不受到責備，說了一長串話，不斷重複對聽者來說並不重要的內容。

不能從對方的角度來發言的話，既不能贏得信任，工作也不會順利。

開場白的內容是否受到喜愛，取決於心中箭頭的指向。

在心理學中認為，心中的箭頭指向自己，就無法發揮出影響力。**只有在將心中的箭頭指向對方時，才能對他人造成影響。**

換言之，應該要顧慮的是對方的感受，而不是他人對自己的看法。

要站在對方的角度講開場白！

18 不要玩「好的，但是」遊戲

在缺乏自信，面對他人態度過於謙卑的人中，有一些人採取的行為就是人際溝通分析裡所謂的「好的，但是」遊戲。心理遊戲是指，在溝通的過程中不自覺地找對方碴，在他人的內心留下令人討厭的感覺。「好的，但是」遊戲是向對方提出相互溝通的要求，但都用「好的，但是」來否決對方的意見。在這個過程中，對方會因為明明已經很努力提出意見，但卻無法得到認同而感到煩躁。

以下述的對話為例。

主管：「要不要試著打電話給客戶來提高業績？」

下屬：「好，但是客戶都很忙，很多人都不會接電話……」

主管：「用電子郵件來提案也可以吧？」

下屬：「但是這麼重要的提案用電子郵件寄出的話，感覺不太好吧……」

主管：「……（不管怎麼提議他都不要耶！）」

進行這個遊戲的人（例子中的情況是下屬）大多在幼兒時期都必須服從撫養者，

沒有選擇的自由。長年累積下來的怨氣，讓他們不自覺地產生出「我真的要照對方的意思來做嗎？」的想法。但又因為沒辦法直接將這樣的想法說出口，導致他們會用心理遊戲這種扭曲的形式與人相處，並占用對方的時間，使對方感到無能為力。

當一個人採取壓抑自己的情感，卻又下意識地讓對方感到不適並引起麻煩的溝通方式時，根本不是跟他討論何謂為他人著想的時候。如果壓抑自己的情緒，謙虛地對人並不斷地選擇忍耐，內心就會累積怨氣，進而和他人玩起心理遊戲。

如果有事情想告訴對方，最重要的是不要忍耐，要透過有自信（重視對方和自己）的溝通，積極、坦率地表達自己的想法。如此就不會累積不好的情緒，從而避免採取扭曲的溝通方式。

此外，如果遇到對方對自己進行「好的，但是」遊戲時，反問對方「那你覺得要怎麼做？」會比提出建議還要有效果。防止自己捲入不必要的遊戲中，就能夠隨時保持自然而然地體貼他人的狀態。

不要累積自己的怨氣！

19 比起揮棒落空，站著被三振更糟糕

體貼並沒有正確的答案。

畢竟每個人的價值觀都不一樣。體貼是，了解並提供對方在那個時候最重視的事物。為此，最重要的是仔細校準（觀察）對方，捕捉對方最想說的話。所以無論是對教練還是諮商來說，傾聽都是最重要的事。所謂的傾聽是，將注意放在對方主要訴求以及最想說的話，同時以同理心來理解、聽取對方說的話。

然而，比起聽人說話，世界上更多的是想說話的人。因此，**在傾聽他人說話的時候，往往會在無意間換成自己的話題，或是提出建議。在這樣的情況下根本無法理解他人的心情。**

人們最感興趣的對象是自己，所以大部分的人都只顧著注意自己的說話方式，而忽略成為一個好的聽眾。但要成為對方特別的存在，就必須擅於傾聽。

暢銷全世界的《卡內基溝通與人際關係》，其作者戴爾・卡內基（Dale Carnegie）也表示「觸動人心最快的捷徑是，談論那個人最重視的事情」。

不要忽略對方的喜怒哀樂！

為了擁有影響力，人們常常會以成為有錢人為目標、想要在事業上取得成功或是努力使外貌更加美麗，但**影響他人最快的方式其實是成為一個好聽眾。**

有很多方法可以鍛鍊傾聽的能力，不過，首先要做的是，注意到對方話中的喜怒哀樂。要觸及到那個人重視的價值觀，才能在情感上打動對方。

「看到有人飯沒吃乾淨就很煩躁」的人所擁有的價值觀是「應該要把飯吃乾淨」。遇到這種情況時，必須要從煩躁這個情感關鍵字中，找出造成焦躁的原因，因為對方的價值觀就存在於其中。

如果忽視對方的情感關鍵字，就代表失去抓住對方價值觀、拉近彼此心靈距離的機會。能夠體貼的人，不會因為在談話中錯過對方的「情緒關鍵字」＝「喜怒哀樂」而來不及揮棒就被三振出局。

20 不要打斷對方說話

在各種鍛鍊傾聽能力的方法中，首先最重要的是「不要打斷他人說話」。從事化妝品銷售的A，在針對商品效果進行多方介紹的過程中，突然有顧客提出疑問：「這樣的皮膚狀況可以使用這個產品嗎？」

結果A對顧客說：「關於這點我等一下會說明。」並繼續按照說明手冊介紹化妝品。A並沒有惡意，他只是想要趁還記得的時候介紹說明手冊裡的內容，所以才會打斷客人的疑問。

但這樣的做法無法成功讓客人掏錢購買那個商品。**當客人心裡有疑問時，如果沒有馬上獲得解答，就沒辦法安心地繼續聽銷售員介紹。也就是說，在客人的疑問沒有解決的情況下，即使繼續進行介紹，顧客也不會聽進去。**

相反地，頂尖業務在介紹產品和服務前會先表示：「如果有不清楚的地方隨時可以提問。」讓對方放下心來，而且每問必答。這是因為他們理解，這麼做對方才會願意聽自己介紹。

以下舉一個例子，B在打斷他人說話方面相當有名。

當同事試圖對B說：「B，系統好像出問題。」但只開口說出「系統……」兩個字，B就用一句：「喔喔，我知道我知道！你不用擔心！」打斷對方說話。

姑且不論是否已經知道對方要說什麼，聽對方把話說完才是重視對方。對方會因為你願意傾聽他說話而感到放心，並從中建立起信賴關係。

那為什麼B會打斷對方說話呢？

同事要告知的事是系統出問題，也就是說，B先生會因為這個事實而覺得他人在責備自己的失敗。**自尊心強、不想被指出自己的失誤等，這種高度的防衛心態會演變成做出妨礙對方說話的行為。**

但這種做法無法獲得名聲。為了避免自己打斷他人說話，就必須先整理好自己的內心。

內心要從容不迫！

21 不給人建議是一種體貼

男女之間的對話分歧是因為不了解大腦的特性。**在開始進行說明前，首先要請各位先理解女性是尋求共鳴的「共鳴腦」，男性則是以解決為目標的「解決腦」。**

妻：「參加完家長座談會，他們邀請我一起吃午餐讓我覺得很憂鬱，吃飯時聽他們講一堆自誇的話就飽了……」

夫：「妳不要一起去吃午餐不就好了。」

妻：「你根本不懂我的心情！」

這是很常見的對話分歧。女性只是希望可以產生共鳴，而男性卻提出建議。對女性來說，這是個讓人非常失望的應對方式。

女性想要男性先產生共鳴，例如「覺得憂鬱嗎？妳沒事吧？」，並傾聽自己說話。相對於男性喜歡從結論開始說話，女性習慣在說話的過程中總結內容。

根據英國發展心理學家西蒙・拜倫・科恩（Simon Baron-Cohen）的說法，男性的興趣對象是物體導向，女性則是人際導向。狩獵採集時代的男性如果沉迷於漫無目的地聊天，就會錯過獵物，而且若是不能掌握事情的全貌，盡早解決問題，就無法捕捉到獵物，進而沒辦法生存。因此，從基因上來說，男性並不擅長沒有目的的談話。

相反地，男性外出打獵時，女性負責保護村民和孩子，並在溝通中生活。而且遭到敵人的侵襲時，女性也會用發出聲音的方式來確認對方是否還活著。因此，女性可以在沒有目的的情況下交談。這就是男性與女性對於談話上的態度差異。

男性出於善意提出解決的方案，但若在那之前沒有先表現出同理心，女性並不會接收到男性的建議。在諮商的傾聽技巧中經常會提到，當一個人覺得對方沒有在聽自己說話時，就會反覆地說相同的話。因此，先對情感產生共鳴再傾聽對方說話，女性也會感到滿足並且很快就能結束話題。對於不擅長閒聊的男性，這個方式也會讓人感到輕鬆許多。也就是說，體貼的第一步是先以同理心來傾聽。這就是為什麼在諮商中會說，先「同步」（pacing）再「引導」（leading）。如果沒有共鳴就沒有引導。

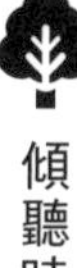

傾聽時要把共鳴擺在第一位！

22 將粗糙的顧慮轉變成細心的體貼

我喜歡一個由千原兄弟演出，名為「Chihara Talk」的日本脫口秀。

在脫口秀中，千原二世嘆著氣對哥哥靖史說：「之前騎摩托車的時候，有個年輕人對我比中指，當下我非常生氣，但動手的話我就完了。遇到那種情況到底要怎麼做才好呢？覺得好不爽啊～」靖史聽到後一邊說著：「那種人的葬禮應該只有兩個朋友參加吧！」、「那種傢伙的存款只有八萬吧！」來逗二世歡笑，一邊表示共鳴並鼓勵對方。

諮商也是，在淨化厭惡情緒的過程中，對委託人的話產生共鳴非常重要。因為**富有同理心的傾聽是一種體貼**。靖史表面上看起來很隨意，但卻對二世展現出高度的同理心。在教練和諮商中，**傾聽者必須要配合對方話題的嚴重程度來進行附和**。

舉例來說，當一個人表示最近有點在意自己的體重時，如果另一個人回答：「喔，這樣啊……你變胖了嗎？那真的很糟糕耶……」當事人的心情就會變得很鬱悶。

相對地，若是輕快地表示：「是這樣嗎？我是不太在意啦！你看我肚子的贅肉那麼多，真的很讓人困擾耶！（笑）」對方的心情就會輕鬆許多。而且開朗的心情會讓人產生出努力減肥的動力。

當然，要如何反應取決於對方的類型和話題的嚴重程度。**如果是負債累累導致晚上失眠這種程度，就必須要以同理心仔細地傾聽。若情況不太嚴重，為了不讓對方感到沮喪，輕鬆地傾聽也是一種體貼。**

之前千原二世在摩托車事故中受了重傷。二世表示：「當時，搞笑藝人的朋友每天都故意帶發生摩托車事故的電影和摩托車雜誌來病房逗我開心，我覺得非常感謝。」這件事情非常嚴重，但二世的搞笑藝人魂也很強烈，能將一切轉換成笑容，所以心情才會感到愉快。

而對千原二世的個性瞭如指掌的靖史則採取，在對二世討厭的事情深表同感的同時，將事情昇華為笑點的「絕妙傾聽法（體貼）」。

不要讓事情變得太嚴重！

23

歸納對方說的話

如果能夠理解對方重視的是什麼，就可以同時抓住對方的心。為此，必須要掌握對方說話的主要訴求，並抓住重點。在知道對方最想表達的內容後，就可以得到信任，談話也會更加熱絡。如果是在商業場合，對方則是會更願意接受自己的提案。

重要的是要豎起腦中的天線，聽取「對方最想說的是什麼」，如此就能得知對方的主要訴求。

要找出主要訴求，就要關注以下兩點。

- **出現情感關鍵字的地方**
- **對方反覆提及的部分**

若是對方說了很長一段話，可以透過歸納要點來傳達，例如「對於您的話我是這麼理解的」。

重點在於，要用一句「總之就是○○」來概括話題的重點。

但不可以直接向對方說：「總之就是○○對吧？」在聽完對方說的話後使用「總

之」一詞，聽起來好像自己高高在尚一樣，會導致對方不願意敞開心扉。

「總之」這個詞彙可以用在學習方面的理解，但不能用於推測對方心情的行為上。

不過，有些人想要表現出自己很優秀，有順利理解對方說的話，會在對方說完話後，沒有惡意地表示「總之」。這種出於不能被對方當作笨蛋的警戒心理，會導致與預期完全相反的結果，反而不小心將對方踩在腳底下。

因此，在歸納對方說的話時，必須要用謙虛的態度來詢問，例如：「原來是這樣，我覺得應該是〇〇，請問這樣的理解是否有誤？」

不要使用「總之」這個詞彙！

24 過於強硬就會耗盡體貼的力氣

人往往會傾向於重複過去嘗試後確定有效果的溝通方式，像是「回答好就好」、「只要開朗活潑，就會受他人的喜愛」或是「總之先道歉就能圓滿收場」等。大腦喜歡將事情簡單化，在確定X＝Y後，重複相同的做法會感到比較輕鬆。一旦相信只要這麼做事情就會順利進行，那這個想法就會在腦中生根成一種信念。

有一位女醫生的父母就她從小時候開始就跟她說：「女孩子遇到困難時，無論發生什麼事，只要笑一笑就會得到原諒。」她也如父母所說的付諸實行。年輕的時候即使犯了錯，只要露出笑容，對方大多真的只會說一句「真拿妳沒辦法」就原諒她。

但在她成為醫生後，有一次作為外科醫生的助手參與手術。在手術的過程中，她遇到不知道指示的手術用具是哪一個的情況，當下她試圖「嘿嘿」笑地蒙混過去。不過這畢竟是攸關人命的手術，結果當然是被前輩狠狠地罵了一頓。

人在感到焦躁時，通常都會想要採取熟悉的溝通方式。當這個方法沒有產生預期的作用時，一般都會傾向於進一步加強這個行為。

舉例來說，認為說明時加上手勢會比較好懂的人會用手勢來進行說明。若對方的反應普通，就會用更加誇大的手勢來說明。然而，可能會因此讓對方覺得「這個人很急躁」，進而遭到疏遠。

人們會重複做出自己認同的行為。但真正會讓對方欣然接受的體貼，其實必須要配合對方來隨機應變。

老子有一句話是說：「人之生也柔弱、其死也堅強。萬物草木之生也柔脆、其死也枯槁。故堅強者死之徒、柔弱者生之徒。」意思是「人在剛出生時，擁有的是柔軟脆弱的身體；但上了年紀步入死亡時，則是帶著堅硬的身體。草木也一樣，發芽時是柔軟的，在變得堅硬時就會枯萎。愈是軟弱無力就愈接近生」。

同樣的道理也適用於體貼，在思想固化時體貼的力氣就會耗盡枯萎，也就是說，靈活地配合對方來變化，付出的體貼才會產生出效果。畢竟有生命力的事物才會不斷地靈活變化。

不要用同一個模式來應付每一件事！

25 選擇用詞的重要性

對方說出口的話，本身就代表他們的世界觀。因此，在諮商中有一種名為「重述（restatement）」的技巧，這種技巧會在不改變對方言辭的情況下，直接鸚鵡學舌般地進行回答。因為**尊重對方說的話，就是重視對方價值觀的體貼。**

改變言辭其實很危險，尤其是在對方比較敏感的時候，這會讓他們覺得別人不理解自己。

之前有一天，我在Facebook上發文表示：「讀了一本關於社會問題的書，內容真是發人省思。」有一個人隨後留言說：「我覺得很有趣。」當然，每個人的表達方式各有不同，所以這個人也沒有錯，但會讓我覺得他不理解我的心情。

像這樣置換言辭是有風險的。如果對方的說法讓當事人覺得「沒錯！就是那樣！」好像是替自己說出心聲一樣，那當然值得讚賞。但如果對方選用的是與預期有所偏差的詞彙，當事人的內心就會認為「這個人不了解我」，進而對他感到失望。

剛開始上諮商師的課程時，老師教導我們腦中必須要備有許多形容情感（喜怒哀樂）的詞彙。因為煩惱的委託人可能找不到適合的用詞來描述自己的感受。

當找到適合形容自身心情的詞彙時，委託人才能察覺到自己真正的感受，並朝著解決的方向前進。

據說在教育現場也是如此，經常發生人際關係糾紛的孩子，在表達情感的詞彙上只有「可愛」和「很煩」。**如果不能適當地用言語來表達自己的情感，就很難接受自己和理解他人的心情。**

所以只要知道許多形容的詞彙就可以了嗎？這也不是正確答案。

有些人會在留言區發表與對方的心情無關，只是為了炫耀自身知識的評論。因為他們強烈地想要得到認可，希望他人注意自己。但這種做法會讓人感到厭惡。

即使知道許多用詞，如果不能選擇出符合對方心情的詞彙，那就無法做到體貼。

從許多用詞中選出適合對方的詞彙！

26 說些符合對方期待的話

說出符合對方期望的話是一種體貼。不過，有時可能會在無意中說出一些話，引起對方想要避免的情況。

各位是否會對負責重要發表的人說出「不要緊張」這句話呢？

當有人對自己說「不要緊張」時，腦海中就會自動播放過去緊張的畫面，因為大腦會實現人想像中的事物。大腦無法理解「不要」這種否定句，所以「不要緊張」這句話其實是讓對方做好緊張的準備。

在對準備發表的人說話時，**重要的是要說一些對方期望的狀態，而不是想避免的情況**，例如「只要像往常一樣冷靜地發表就可以順利完成！」。**也就是說，用肯定的話來取代否定的話是一種對人的體貼。**

舉例來說，在寒冷的冬天和他人攀談時，與其說「天氣很冷，小心不要感冒了」，不如說「天氣很冷，要多休息，好好保暖」，這樣感冒的機率會更低。

比起對孩子說「不要吵架」，對他們說「要相親相愛地一起玩喔」，孩子的腦中就會產生出一起開心玩樂的畫面，實際上也真的能夠友好地玩在一起。

然而，撫養者在我們幼兒時期用來管教的詞語大多是「不要〇〇」這種否定句。因為聽著「不要在走廊上奔跑！」、「吃飯不要灑出來！」等否定句長大，如果沒有在說話時留意使用肯定句，就會不小心說出否定句。

相較於用否定句「不要跑！」，用肯定句「慢慢走」，說話的語氣會顯得溫和許多。畢竟向對方傳達愛和溫柔是一種體貼。

以肯定句讓對發想像出自身期望的狀態！

27 叫對方的名字

叫對方的名字這個行為在心理學中稱為「姓名字母效應」。

在替字母打分數的實驗中顯示，人在打分數時，往往會給自己名字中的字母比較高的分數。換句話說，**人會不自覺地認為自己的名字很特別**。

所以如果對方不是單純問說「這個企劃你覺得如何？」而是會加上自己的名字「山田，你覺得這個企劃如何？」，會更容易讓人產生好感。

畢竟人最關心的人是自己，而且覺得自己的名字很特別。

自己**在跟對方說話時叫對方的名字，才能和對方變得親近**。但不可以做出測試對方是否記得自己名字的行為。

之前在老師舉辦的研討會上，我負責在接待處確認參加者的名單。

大部分的參加者會一邊說「我是〇〇」報著自己的名字一邊指著名單。

但是有部分的人並沒有報上自己的姓名，而是測試我是否還記得他的名字。這對我來說是一種壓力。

在工作場合上交換名片時，有些人會問說：「我們以前有見過面，你還記得嗎？」以測試對方是否記得自己的名字，這也會為對方帶來壓力。**即是已經見過幾次面，依然能夠開朗地報上姓名「您好！我是〇〇」的人才是體貼的人。**

因為強烈需要得到認可，才會想要確認其他人是否還記得自己。在年紀還小的時候，大人會將注意力放在照顧自己身上，但在長大成人後父母當然就不會追著你跑。

事實上，如果想要得到他人認可的欲望在小時候沒有得到滿足，即使已經長大成人，仍然會沉迷於希望他人只看見自己的欲望，這點必須多加注意。

說話時要叫對方的名字，而且不管多少次都要自報姓名！

第 3 章

職場、工作篇

28 打招呼時不考慮上下位階

問候方式也能展現體貼。活潑有朝氣或禮貌地打招呼，就會讓對方心情愉悅。**心理學上也已經證實了，人在心情好的時候，會發揮出更好的實力。由此可知，心情與能力之間的關係是成正比的。**

當你的問候使人心情變好，就等於是在為對方的能力做出貢獻。而且如果進一步在工作或日常生活中產生良好效果，那要說打招呼是一種社會貢獻也不為過。

事業成功的人，問候的方式都是一樣的。無論對象是誰，都會以既開朗又有禮貌的方式向對方打招呼。在某企業擔任常務董事的A，在下屬對他打招呼時，他也會精神充沛地笑著回答「早安！」、「工作辛苦了！」，公司內部的氛圍也因此變得更好。

另一方面，B則是為公司帶來低迷陰沉的氣氛。即使同事和下屬對B說「辛苦了」，他也只是點一下頭，一句話都不說，不過他卻會開口對主管打招呼。這種對問候對象的態度差異，表現出了「對主管以外的人打招呼也不會有什麼好處」的心態。這就是沒有為他人著想的心。

問候乍看下只是雙方之間相互打招呼的行為。然而，其實**在打招呼的瞬間，就已經是在告訴周圍的人你是什麼樣的人？你為對方排列了什麼樣的名次？**具有良好問候文化的企業，員工會相互尊重，並且會向周圍的人釋放出好的能量。這就是為什麼企業的士氣會因此有所提升。

我經常為了工作前往日本愛知工業大學的職涯中心，那是一個非常繁忙的部門，同時也要應付許多學生的諮詢需求。不過在客人進門和離開時，全體員工一定會停下手邊的工作，站起來說「歡迎光臨」和「謝謝光臨」。職場的氛圍很好，給我的感覺一直都很棒。

不僅僅是職涯中心這個部門，對於在一旁看著員工禮貌問候客人的學生來說也是很好的典範。如果肩負著未來的年輕人看著你長大，你會進行什麼樣的問候呢？

打招呼是一種為他人著想的行為，也是對社會的一種貢獻。

要知道打招呼與社會貢獻有關！

29
在回答時表示不滿

A在工作上被問及什麼問題，或是不滿對方意見時，他都會用「哈？」來回應。像這樣將內心的不滿表現在回答上是一種缺乏體貼的行為。

A是在公司工作很久的資深員工。他任職的公司沒有部門調動的傳統，所以在公司的時間愈長對工作內容和公司內部情況就愈了解。因此，當他人問起對他來說理所當然的事情時，自然就會覺得很麻煩，進而用「哈？」來回答對方。

從職位上來說可以警告A的人有限，所以即使A在不滿意對方意見等時候回答「哈？」，也不會受到任何人的指責。

但對詢問的人來說，聽到的答覆不是「好」而是「哈？」，心情應該不會很好。所以在公司內部如果有什麼需要確認的是事項，幾乎所有人都會放棄問A，選擇去問其他人。只有遇到必須由A出面的事情，才會硬著頭皮去詢問A。

職場是一個講求效率和表現能力的地方。從心理學上來說，人在心情好的時候才會發揮出更好的實力。因此，**如果想讓職場上的人發揮出高水平的能力，就要以會**

讓對方感到心情愉悅的方式來回應。換句話說，會讓對方感到不悅的回應是一種會阻礙員工發揮能力的干擾行為。

俗話說凡事都有因果報應，你所做的事最後必定會回到自己的身上。A總是加班到很晚，因為當周遭的人發揮不出能力時，A的工作量就會隨之增加並不斷地累積。

佛教有句話是說：「愚人不覺知，與自仇敵行。」自己釋放出的負能量一定會回到自己的身上。**「惡因惡果」（惡行）會造成不好的結果，「善因善果」（善行）則是必定會獲得回報。**

A只是不自覺地在回應中夾帶著自己的不滿，回答了「哈？」而已，但實際上卻釋放出讓對方感到不愉快的氣（能量）。相較A覺得回答問題很麻煩，工作上的人更是將A當作麻煩人物，覺得他完全不值得信賴。這就是所謂的，自己釋放得負能量回到自己身上。

無論何時都能回答「好」的人，才是能夠釋放出友善氣場（能量）的人。

給予友善的回應，以產生良好的能量循環！

30 擴大工作的防守範圍

無法體貼的人，工作上的防守範圍也會比較狹小。

從事公司系統工程師工作的A，即使是自己知道的資訊，也會堅決拒絕負責任，例如「這不是我負責的，請聯繫相關廠商」、「iPad的使用方法嗎？請去和負責購買的部門確認」。

這就是所謂的防守範圍狹小的人。因為幫上許多人的忙，得到大家的喜愛才是工作的真諦。

A辭職的時候沒有人感到難過或惋惜，因為他在外的評價就是一個工作態度不認真的人。

接任這個職位的B，遇到公司的其他人詢問他：「我想將PPT印成像小冊子那樣，你知道要怎麼做嗎？」即使這不是他的負責範圍，他仍然回答：「等我一下，我查看看怎麼做再回覆您！」

這就是所謂工作防守範圍大的人。**儘管不是自己負責的工作，身為能夠為他人著**

想的人，也會盡自己所能地研究，以求幫上對方的忙。

研究、了解不屬於自身工作的事情，不僅自己可以學到新的技能或技巧，也可以受到對方的喜愛，可謂是一石二鳥。

身為前空服員的C表示，自己曾在新人時期被要求「做其他人不想做的事」。即使是為了拿取機票，臨時要從機場的一頭跑到距離很遠的另一端等，C都會自告奮勇主動去做。像這樣承擔其他人不想做的工作，公司內部就會認為「如果是C就會幫忙做」，進而相信C，並將其他重要的工作交給他。

只顧自己負責的範圍，不擴大防守範圍的人，無法理解何謂幫助他人的體貼和幫助他人的喜悅。這種人既沒辦法提高自己的聲望，也沒辦法增加自己的技能，所以很難在工作上獲得成功。

因為**所謂的體貼是指，不辭辛勞地幫助對方。**

主動去做費心費力的工作。

31 體貼是一種生物

道元禪師有句話是說：「走在霧中，衣服會在意料之外變得潮溼。」這句話的意思是，在濃霧中行走時，不知不覺衣服就會變得潮溼。

人會在沒有自覺的情況下受到環境的影響，所以重點在於，要將自己放在什麼樣的環境中。

無論如何人都會受到環境的影響，這點在「史丹佛監獄實驗」中已經得到證實。「史丹佛監獄實驗」是美國史丹佛大學的心理學名譽教授菲利普・津巴多（Philip George Zimbardo）在一九七一年進行的社會心理學實驗。這是一個模擬監獄的實驗，在大學內架設虛構的監獄，讓學生扮演囚犯和獄警的角色。但這個實驗進行不到一週就遭到終止，因為擔任獄警的學生不斷地做出殘忍的行為。從這個實驗可得知，就算是善良的人，也會受到環境和現場氣氛的影響，做出平時不會做的殘酷行為。

當黑心企業裡的主管對下屬破口大罵諸如「無法提高業績的傢伙就從窗戶跳下去」

等言論時，這是主管的個人問題？還是因為他們在組織中被賦予了這個角色？

某家企業嚴格規定，對待公司員工要如同對待客戶一樣體貼。東京總公司的員工A作為公司內部研修講師前往札幌分公司時，分公司的接待處擺放著一塊歡迎版，上面寫著「恭候A講師的到來」。所有員工都會得到像這樣的體貼關懷，因為公司員工心情良好表現就會愈好，最終也就能更完美地應對客戶。

相對地，在對內和對外的態度差異很大的企業裡，情況當然完全不同。公司內是否存在著可以成為自身典範的人，對於培育人才來說相當重要。與成為榜樣的人待在同一個環境，自然而然地就會從他身上學到東西。

體貼是會傳染的。員工會釋放出與公司氛圍相同的氣質。

人是一種會受環境影響的動物。因此必須要創造一個能夠體貼他人的環境。**體貼是一種生物。就像花沒有土和水就不能生長一樣，如果沒有作為榜樣的人和讓人放下心來的安全環境，就沒辦法培育出為人著想的心。**

營造出體貼之心能夠成長的環境！

32 體貼就像是用心對待一朵花

如果將一朵花摘下來並放在瓶子裡保存，那花朵就會枯萎。在做這件事時必須要考慮到，覺得很美就摘下來的那朵花需要水和當下的環境才能夠生存。

體貼也是一樣。**關心對方是否充滿活力地發揮出應有的能力，就是所謂的體貼。也就是說，體貼是找到對方的優點，並支持他們發展這些優勢。**

據說日本人比歐美人更容易注意到負面的部分。這是因為日本人是農耕民族，如果花了整整一年的時間種植的稻米，遇到蟲害等原因導致無法順利結果，那所有的努力就會化為烏有。因此，日本人在降低風險的能力方面自然會比較厲害。但這種能力如果用在人身上，就會導致只看到對方的缺點。

人的優點和缺點是一體兩面。例如具有領導能力這個優點的人，其缺點是有時會有點咄咄逼人。同樣地，善良的人會有優柔寡斷的一面。

一個不夠體貼的人，會在發現對方的缺點後一直進行攻擊或是拚命地要求改正。這些人大多沒有惡意，單純是出於好意。然而，**在試圖糾正缺點時，優點往往也會**

跟著消失。

在教練的過程中，可以找到委託人的優點，並幫助對方發展優勢以展現出更高水平的表現。教練這種技術誕生於歐美國家。歐美人是狩獵民族，在錯失獵物時，比起反省自己「哪裡做錯了」，他們更傾向於將注意力放在解決問題上，思考「下次要怎麼樣才能狩獵成功」，避免影響動力，如此才能提高狩獵成功的機率。

我擅長提出新的想法，但不善於找出錯漏字。由於我當設計師時的職業病，文字在我眼中都像是方塊，我更在意留白等美不美觀的部分，因此無法發現錯漏字。有一位主管覺得要我交出一份沒有錯漏字的文件需要花費大量的時間，所以他將企劃書和設計的工作交給我，確認是否有錯漏字等錯誤的工作則留給自己來做。結果，這樣的工作方式不僅提高了工作效率和品質，就連自我評價也跟著上升。

由此可知，有心發展對方優點，輔助其缺點的人才能獲得好處。

找到並發展對方的優點！

33 跨越工作手冊

諧星千原靖史曾提過日本和國外對他人體貼程度的差異。

有次他投宿於一間日本的飯店，早餐的菜單中有一項是水煮蛋和炒蛋二選一，因為兩種蛋都想吃，於是他詢問飯店服務人員：「可以水煮蛋和炒蛋兩個都選嗎？我會另外付費。」結果服務人員以「我們沒有提供這個服務」為由拒絕他。

他當下心想：「廚房裡堆滿雞蛋，明明只要把一顆做成炒蛋放在旁邊就好了。」

千原靖史經常為了工作出國，當他對國外的服務人員提出相同的要求時，對方回答他：「原來你這麼喜歡吃雞蛋，那一份夠嗎？我明天為你煎一份放了很多蛋的歐姆蛋好了！」在應變上相當地靈活。

日本人大多都很認真老實，不擅長在沒有得到許可的情況下改變規則，相對的，他們很善於按照工作手冊禮貌應對。

另一方面，從日本人的角度來看，國外的人乍看下很冷淡或是應對態度感覺不太客氣，但很多人都能夠根據自己的判斷來行動，所以做事情時會比較靈活。

在想要一次對許多人灌輸某種想法時，工作手冊非常方便，當有疑問的時候也可以回去翻閱手冊。但**人心各有不同**，每個人的要求都不同。

因此，**若要靈活地應對這些要求，就必須跨出手冊的框架。**

迪士尼樂園以超越工作手冊的服務而聞名。關於這點有這樣一則軼事：迪士尼樂園裡的餐廳規定成人不能點兒童餐，但有一對夫婦在點了自己的餐點後，詢問是否可以另外點一份兒童餐。當服務人員問起原因時，他們說想在孩子去世的忌日當天，在孩子曾經很喜歡的迪士尼樂園裡點一份兒童餐。工作人員在聽聞後，不僅實現這對夫婦的願望，甚至還準備了孩子的座位。

當提供的服務超出工作手冊的範圍時，客人會抱持著感激的心情，並將這件事傳於後世。換言之，**真正的體貼不會寫在手冊中，而是存在於自己與眼前的人之間。**

不要被規則束縛！

34 察覺對方難以說出口的話

我有一位朋友連續十年通過MDRT（Million Dollar Round Table，百萬圓桌協會），成為MDRT的永久會員。MDRT是保險業著名的頂尖業務證明，代表達到世界級的水準。

這位朋友經常會為了工作前往客戶家拜訪，在進屋時，他一定會將手帕墊在公事包底下。

這是一種體貼，因為他在外面商談工作時，有時公事包會直接放在地上，為了避免將可能已經髒掉的公事包直接放在客戶家，才會多墊一層手帕。

當COVID-19的傳染範圍不斷擴大時，他從來沒有忘記在客戶家的玄關先用隨身攜帶的酒精噴霧進行消毒。對此他表示：「畢竟從客戶的角度來說，很難開口對來訪的業務提出『請先消毒』的要求，所以決定自己主動消毒。」

想像對方可能難以說出口的事情，自己主動採取行動消除對方的不安，這點讓我不禁覺得不愧是頂尖業務。由此可知，體貼是一種想像力。

他通常都會不遺餘力傾聽客戶的煩惱。不斷地鍛鍊自己從對方的角度來思考的想像力，所以能夠察覺對方不好意思說出口的話。

體貼不是心靈感應，重要的是如何關心對方，將心中的箭頭指向對方。

如果客戶內心有所顧慮，只要不解決這些問題，無論眼前的業務提出多好的建議，客戶都會不為所動。

在工作上說服對方時，同時告知優點和缺點的方式稱為「雙面提示」。**自己先提出對方擔心的缺點，就能使客戶放下心來，並獲得他們的信任**，例如：「您可能會覺得這個服務的價格有點高，但從每年的營運成本來看，其實是蠻划算的方案。」

只告知優點的「片面提示」有可能會使客戶懷疑：「商談時只告知優點，難道對方是在隱瞞缺點嗎？」

換句話說，率先主動打消對方的顧慮，才是對客戶的體貼。

消除對方的不安！

35 別將公司的招牌誤認為是自己的品牌

即將結婚的A去參觀了各式各樣舉辦婚禮的場地。

以下的事情發生在某個很受歡迎的婚宴場地。工作人員詢問A：「您還參觀了哪些婚宴場地呢？為什麼不選擇那個場地呢？」A表示他之前參觀的場地也很棒，但因為只看過一個，就打算也看看其他場地。於是工作人員告訴A這個場地有多棒，並表示A之前參觀過的場地很糟糕。結果A沒有選擇在這個場地舉辦婚禮。

毫無疑問地這位工作人員對自己的店很有信心，**但顧客並不喜歡被當成笨蛋。心理學上也認為人會在心情好的時候購物**。意外地有許多人會用貶低其他公司的方式來彰顯自己公司的優點。然而，當自己的選擇遭到否定時，顧客就會感到自己不被認同，當然就不會順利地打動顧客的心。**不要否定顧客覺得很好的事物和選擇的事物是一種體貼**。

這位工作人員誤以為商店的品牌力量是自己的實力，導致心態變得驕傲自負。這個現象稱為「BIRGing（與有榮焉）」，是指將自己與社會評價高的人或集團相互連結，以此提高自我評價的心理行為。沒有自信的人經常會做出這種舉動。

如果沒有察覺到顧客信任的其實是公司的招牌，就有可能會將顧客當作笨蛋。

我曾經要求一家大型廣告代理公司的業務修改廣告內容，結果業務回覆：「以這次的價格提供的服務來說不能額外進行修正。」但明明就有那麼明顯的錯誤，所以我再次提出修改的要求，結果業務依然只會反覆表示：「因為您這次是購買特別優惠價格的方案。」這個價格分明是業務自己開出來的，並不是我討價還價得來的。我覺得非常不高興，於是要求公司更換負責人。

在衡量自己的實力時，重要的是，要考慮到當名片沒有公司的名稱時，自己可以成功簽到幾個合約。若是認為「公司的招牌」＝「自己的實力」，就會以傲慢的態度來對待對方。

不會做出BIRGing行為的人，才能謙虛待人。避免自命不凡也是一種體貼。

不要把顧客當笨蛋！

36

不要將遇見的人都視為客戶

業績不佳的業務會將看到的人全都視為客戶，並積極地向所有人推銷產品。這是不夠體貼他人的行為，因為一般人都不喜歡被推銷。最後的結果當然是無法順利銷售出去，業績也不會提高。

頂尖業務A的行事曆排滿跟客戶約好的行程。但想當初A剛轉換跑道時，其實日子過得很艱難，因為沒有可以拜訪的客戶。當時A的腦中不斷地想著：「要怎麼樣客戶才會願意和我見面呢？」最後他決定不管怎麼樣，先做些對客戶有用的事情。

現在每天有四到五件與工作無關的諮詢，例如「希望你可以介紹稅務顧問給我……」、「可以介紹一位熟悉〇〇的人給我嗎？」等。

頂尖業務的證明是，作為一位良好的商量對象，當客戶要找人商量時，最先想到的就是自己，且客戶也認為只要和你商量，總是會找到辦法。

如果用什麼事情都可以商量，雙方心中沒有隔閡的心態和客戶見面，即使不自己

預約客戶的行程，客戶也會主動來預約。而且提供商量的服務，並幫助客戶的過程中，大多都會從而順利解決生意上的洽談，進而提高業績。

A表示：「就算我幫助客戶後沒有順利和該客戶簽約，客戶也會利用其他機會介紹別的客戶給我。『我的銷售風格不是狩獵型而是農耕型』。現在播下對客戶有幫助的種子，儘管不知道確切的時間，總是會遇到開花的那一天。」

當然，A這麼做並不是在尋求回報。他真誠地想要幫助客戶，這份體貼的心情傳達到客戶的潛意識中，所以他的事業才會成功。

相反地，將見到的所有人都視為客戶，馬上就開始進行推銷的人是屬於狩獵型銷售。如果一次就順利簽約是還好，但如果沒有順利拿到合約，客戶就會像步槍沒有射中的動物一樣感知到危險，不願意再靠近。

重點是要播下對他人有用的種子。

播下對他人有幫助的種子！

37 不要把「簽約」掛在嘴邊

參加經營管理學習會等場合的時候，有時管理顧問會用「為了順利簽約……」這種說話方式。當然，在顧客面前可能會說「感謝您願意跟我簽約」。但在聚集許多經營者的經營管理學習會上，如果將「客戶」或「簽約」掛在嘴邊，會讓人覺得你是一個只把客戶看作是搖錢樹的人。這是一種不夠體貼的行為。

頂尖業務A覺得「簽約」這個說法讓他覺得不太舒服，所以不管在什麼樣的情況下，他都會對客戶表示「那就由這邊收下您的合約」。像這樣，在平時選擇的用詞中也隱藏著對他人的體貼。

這並不是用字遣詞的問題，是心態的問題。**在心理學中，比起手段（Do），心態（Be）更重要。體貼也是來自於心態（Be）。**

具有自己是業務心態的人，會抱持著無論如何都要將產品、服務銷售出去的價值觀。於是他們會將遇到的人都視為客戶，向所有人推銷自己的產品、服務，結果導致大家對他們敬而遠之。

另一方面，A抱持的心態是，希望自己無時無刻都是對客戶有幫助的人。所以對他來說，重視客戶的煩惱和要求這個價值觀非常重要。因此，即使跟工作沒有直接的關係，他依然會介紹能夠解決客戶煩惱的人或是提供相關的情報。

人跟人之間具有互惠原則，這是一種回報他人善意的心理。

各位是否有過在賣場免費試吃後，不自覺地就買了那個商品的經驗呢？這也是一種互惠原則。

當然，A體貼並不是要尋求回報。**如果要求回報，這個心態就會傳達到對方的潛意識，導致事情進展不順利。**

A表示：「業績愈差的業務，愈想要磨練技巧。但其實只要一心想著對客戶有幫助的事情，之後就會得到相應的結果。」

具有這種重視客戶心態（Be）的人，就如同「那就由這邊收下您的合約」一樣，言語中也會表達出對他人的感謝之意。所以才會說，體貼來自於心態（Be）。

體貼是抱持著對他人有幫助的心態來行動。

38 成為大家的吉祥物

世界級頂尖業務朋友A在形容自己時，笑著說：「我是吉祥物啦。」當聽到業績高達世界級標準的人時，一般人往往都會警惕地想著：「所以等一下來的會是個氣場強到有點可怕的人？」但A的態度總是很溫和並帶點天真。就如同他自己說的，果真是個吉祥物。

舉例來說，他會說：「我喜歡鄉下，因為如果遍地都只有柏油路的話，我會因為『到處都找不到泥土』而感到很失落。」

相較於聽到頂尖業務說喜歡城市，聽到他們說喜歡鄉下更讓人感到安心。因為感覺比較親切。

事實上，被評價為一流的人都帶有適度的親切感。畢竟完美具有壓迫性，令人難以接近。

B總是穿著三件套西裝，說話乾脆俐落，很有菁英商務人士的樣子，但不知道為何受到人們警戒。大家都小聲地說著「我不太喜歡和他相處」，因為即使拒絕他，也會有可能會被花言巧語推銷成功的危險。

如果一個人各個方面都包裝得很嚴謹，散發出無法從他身邊逃脫的氛圍，那客戶就不會靠近他。從心理學上來說，人一般都不喜歡被推銷。

一流業務和銷售員的共同點是，會為客戶打造一個拒絕的空間。

體貼是指營造氛圍。

如果創造出客戶隨時可以拒絕的氛圍，客戶的內心就會產生安心感，於是便能認真聽你介紹商品和服務，甚至還會提出問題，並在最後買單。

不管是狗還是貓，在被關進籠子裡時都會突然開始汪汪叫和喵喵叫。因為他們恐懼無法逃脫的感覺。但若是讓他在房間裡自由走動，牠們就會冷靜地開始梳理自己的毛髮。這點人類也是一樣。

換言之，創造出對方能夠拒絕的空間才是一流的體貼。

營造出能夠拒絕的氛圍！

39 不要讓對方感到丟臉

不讓對方覺得沒面子也是一種體貼。

一流的飯店服務員非常善於避免讓客人感到尷尬丟臉。

舉例來說，當飯店服務員看到客人到處坐立不安地四下張望，好像在找什麼東西時，就會主動詢問：「有什麼需要為您服務的嗎？」當客人問：「請問洗手間在哪裡？」他們就會告知客人洗手間的位置。

如果一開始就直接詢問：「您是在找洗手間嗎？」客人就會尷尬地覺得：「難道我表現出來的行為這麼像是想要去洗手間嗎……」這就是專業服務員的體貼。

此外，遇到客人差點絆倒的時候，裝作沒看到也是專業服務員的體貼。

重點在於，避免讓客人覺得「被看到自己很丟人的一面」。

以下是發生在A去著名壽喜燒店時的事情。這家店提供桌邊服務，會幫忙將肉品料理至最佳的熟度。和四位朋友一起享受著壽喜燒的A在加點時，發現菜單是肉和蔬菜的套餐，於是A表示：「我不要蔬菜，只要肉就好」結果服務生回答：「就算沒有上蔬菜，依然要付一樣的價格喔！」

A在聽到服務員的話後心想：「難道是以為我會要求扣掉蔬菜的錢嗎？這家店好吃是好吃，但我不會再來消費了。」

被認為是會討價還價的客人是一件很丟臉的事。這家店因為服務生的發言，失去了一位回頭客。

如果服務生顧慮一下自己的措辭，更有禮貌地表示：「即使套餐內容物有做更動，依然是收取一樣的價格，請問這樣可以嗎？」情況可能就會不同。

愈是高級的店，客人的期望就會愈高，所以在行事上必須避免讓客人感到沒面子。

事先思考什麼事會讓對方感到丟臉再行動！

40 設置接待客人的屏障

不只是一時，平時就創造出令人感到舒適的氛圍也是一種體貼。

《一流、二流、三流的店長》（暫譯，原書名「店長の一流、二流、三流」）的作者岡本文宏在經營便利商店時，曾因為年輕人聚集在店門口感到困擾。其他店為了避免年輕人坐在地上，每天都會在店門口灑水。但如果店門口溼答答的，即使是晴天客人也會感到不舒服。因此，**岡本採取的作戰方式是，提高店面的接待能力，設置接待客人的屏障，防止奇怪的人靠近店面。**

當時的便利商店店員在接待客人時，不僅眼神不會和客人交會，甚至連「謝謝」都不說。

岡本要求店裡的員工必須要看著客人的眼睛，行禮表示「歡迎光臨」、「謝謝」。一開始也會有些顧客惡言惡語地抱怨「我才不需要你們行禮」等，但岡本仍毫不畏懼地繼續加強接待客人的禮儀。例如，當客人手裡拿著三個以上的商品時，主動提供籃子；老年人上門光顧時幫忙開、關門（當時是沒有自動門的時代）等。

在禮貌對待客人一年後，自然而然地不再有人坐在店門口，而且岡本也發現，態度傲慢的客人都已經被對店家有感情的客人取代。也就是說，他成功設置了禮貌接待客人的屏障。

當有一個空罐子被放在廢棄腳踏車的籃子裡時，就會像磁鐵一樣，吸引許多垃圾聚集在這個籃子中；反之，沒有人會去弄髒神社等已經打掃乾淨的地方。同樣的道理，相同的潛意識也會互相吸引，也就是說，**待在散發出的氛圍不適合自己的空間時，人會感到不自在。**

因此，透過設置禮貌接待的屏障，可以阻攔看起來品行惡劣、態度傲慢無禮的客群，並使友善的客人愛上這家店。吸引與自己釋放相同能量的事物是一種潛意識法則。只要創造出良好的氣氛，就會聚集適合這種氛圍的人。換言之，創造出舒適的氣氛是無法當下立即做到的體貼。

先打造出良好的氛圍！

41 高興和不高興都會傳染給他人

A是一位工作十八年的資深空服員。在他剛進公司時，主管教導他**要時時刻刻敏銳地感受聲音、燈光和氣味**，以確保飛機的安全。

A表示，隨著他的五感愈來愈敏銳，他逐漸了解客人散發出的氛圍。

根據A的說法，下雨天的星期一會有許多上班族乘客，而且坐滿客人的機艙裡會充斥著沉悶的氣氛。也有人會一臉嫌惡地看著從他前面通過，要坐在自己旁邊位置的乘客，還有人會在空服員推餐車不小心撞到自己手肘時「嘖」一聲。

有一次有一位客人抱怨：「你們飛機怎麼這麼晃！茶都潑在我的褲子上了！你們要怎麼賠我！」A沒有想太多，直接誠實地回答：「不好意思，飛機本來就會搖晃。」結果乘客大發雷霆。最後是由事務長出來道歉，事情才得以平息，但卻導致機艙裡瀰漫著不好的氣氛。

從這起事件後，看到乘客打翻飲料等食物時，A開始會去理解乘客懊惱的情緒，並且向對方表示：「待會兒要準備上班，結果衣服卻弄髒了，您一定覺得難受。」而且他還會試圖向每位乘客搭話，例如「您的領帶真好看」等。當然，如果乘客散發出不想跟人說話的氛圍，A也會識相地不去打擾。此外，A還會盡可能地關注那些帶著疲憊表情搭飛機的乘客。

相反地，如果大部分的乘客都是興奮地要去旅行，例如暑假飛往沖繩的航班等，愉快的氛圍就會蔓延到整個機艙。

例如，在機艙內銷售包包等商品時，如果有一位乘客表示：「請讓我看一下。」並將包包拿起來後，後面的乘客就會忍不住也想看看，接著就會有愈來愈多乘客要看包包，有時甚至一個航班的營業額就高達五十萬日幣。因此當機上有許多興高采烈的乘客時，A都會將機上販售的包包高高拿起展示，營造出愉悅的氛圍。

不管是壞心情還是好心情，一旦擴散開來，之後就很難再調整。因此要用五感捕捉整個空間的氛圍，**如果是不好的氛圍就避免往外擴散影響到他人，若是開心的氛圍就讓整個空間充斥好心情，這就是所謂的體貼。**

利用五感來捕捉氛圍！

42 不將顧客視為難纏愛客訴的人

高級服飾店的A店長有很多常客，其中，他將經常退貨和客訴的B顧客視為「麻煩顧客」。當然，他沒有將自己情緒表現在臉上，表面上依然很客氣地接待顧客。

某天，B來店裡表示想要修改購買的絲綢吊帶背心，於是A將背心從任職的大阪百貨公司送往東京總公司修改。

幾天後，東京總公司通知說背心已經修改好並寄出。但無論A怎麼等都沒有收到商品，最後得知因為寄送作業出問題導致商品遺失。而且這件背心是過去販售的款式，所以全國所有的分店都沒辦法調到貨。

A店長害怕地想著：「B這麼難對付，竟然還弄丟他的商品……他絕對不會原諒我……該怎麼辦啊……」

在經過深思熟慮後，A決定在布料專賣店購入絲綢布料，並手工製作了吊帶背心。A任職的公司走的是高檔路線，嚴格禁止員工提供非公司產品給顧客，因此A並沒有將這件事告訴總公司。

接著，到了B來店裡取貨的日子。在得知商品遺失時B大發雷霆，A店長不斷地道歉，並表示：「我知道絕對無法得到您的原諒，但為了表示歉意，我親手做了吊帶背心。」然後將手作背心交給B。本來做好挨一頓罵的準備，但卻沒有聽到怒罵聲。B非常喜歡那件背心，漲紅著臉，感動得不得了。

據說B那天心情愉悅地離開，而且之後完全沒有再出現B要求退貨和提出客訴的情況。

A店長因此察覺到，B以前**是因為太寂寞，希望有人在意他，想要得到真正的關心，才會一直反覆地提出客訴**。從那時起，A店長開始可以真誠地接待B，並為他著想。

心理學上認為，顧客跟你購買商品，是因為潛意識想和你成為朋友。**即使表面看不出來，隱藏在心裡的想法也會傳達給對方**。在可以做到打從心底認同對方時，就能得到對方真正的信任。

要打從心底認同對方，而不是表面做做樣子！

43 從了解顧客開始

關於女裝銷售部門接待客戶的方式，曾經有過下列這樣的時期。

- 用平輩的語氣來接待十幾歲的顧客
- 用「好可愛喔！」來接待二十幾歲的顧客
- 用「我也有買這件喔！」來接待三十幾歲的顧客
- 用恭敬的用語對四、五十歲的顧客進行詳細的介紹
- 用諮商的態度來接待六十幾歲的顧客（傾聽對方說話、聽對方閒聊）

上述的說法是很常見的接待方式，但都是站在銷售員的立場來說話，因此不能說是一流的接待方式。**顧客什麼時候穿？要穿去哪裡？喜歡什麼樣的設計？等，如果不從蒐集顧客資訊開始，就無法打動對方的心。**而且現在是用網路就能購買商品的時代，顧客在知道設計、尺寸和價格後自己就能購買，不去店面也沒關係。

也有人覺得，與其面對銷售員讓人感到麻煩的接待方式，不如在網路直接買一買。

顧客在店面購買商品的優點是，心情會比購買前還要愉悅，例如興奮、不由得感到快樂以及賺到的感覺。

比起熟悉商品的人，顧客更想跟了解自己的人購買商品。

顧客購買的商品與顧客的生活方式有著密切的關係，例如，春天孩子要上小學，想買一套在開學典禮穿的西裝；平時都是騎腳踏車移動，比起裙裝更喜歡褲裝等。因此，在推薦商品或服務時，不僅要知道商品的相關知識，還必須對顧客抱持興趣，進而了解顧客。要懂得為人著想才能夠享受這個過程。

一般來說「每個人都有一段自己的歷史」，無論是誰都活在一個只有他自己才能生存的故事中。因此，**必須從與顧客的閒聊中了解對方的生活方式和價值觀。**

從心理層面來說，人最感興趣、最關心的人就是自己。所以比起引起顧客的注意，關心顧客更能妥善地接待（對方喜歡的體貼方式）顧客。

成為了解顧客而不是了解商品的銷售員！

44 挖掘出體貼的人才

對企業來說，錄取非應屆畢業生的優點是可以立即請到有經驗的人。不用像新鮮人一樣，透過新人培訓，從禮節到工作都手把手地教導，而且企業也不需額外花費心力。若是連體貼都得教，那真的會很辛苦。

Sancock是一家在日本岐阜縣很受歡迎的中華料理店。這家店沒有透過徵才雜誌和徵才網站招聘打工的人，各家的店長都是從顧客中物色願意兼職打工的人。Sancock的總經理表示：「從徵才雜誌徵才時，有很多人都是看時薪來決定是否要面試，而且只要其他店開出更高的時薪，他們就會受到吸引而辭職。相較之下，自己挖掘來的兼職人員不太會輕易離職。」

重點在於物色的對象。一般不會考慮完全沒有他人交流的人，例如明明是全家人一起來店裡吃飯，但大家各做各的事，女兒滑手機、兒子看漫畫、爸爸看報紙等。通常會挖掘的那種全家人熱烈交談的人。這樣的人在開始上班後，大部分都能跟員工順利溝通，很少會產生爭執。

從心理學的角度來看，與家人的溝通方式是建立人際關係的基礎。所以錄用能夠與家人相互著想、溝通的人，這種挖掘人才的方法並非沒有道理。

決定錄取的店長也會經常注意自己挖掘的兼職人員是否適應店裡的環境，藉由多加關照的方式來降低離職率。而且兼職人員生日時，Sancock的傳統是會買蛋糕送給壽星，或是大家一起去吃烤肉慶祝。看到其他餐廳有員工染金髮做指甲，也會詢問兼職人員覺得如何，並引導他們回答「感覺不太好」。像這樣以顧客的身分到其他餐廳用餐，可以培養出從客人的角度來思考的能力。

再漂亮的花，只要剪下來任其自生自滅就會枯萎，所以重點在於要用心地幫花澆水。同理，**無論雇用的人多麼得體貼，如果沒有花心思照顧，使這份體貼成長，就無法將這份心意活用在接待客人上。**關鍵在於，為了不讓花枯萎，就必須準備讓心靈也不會枯萎的環境。

建立讓人心不會腐敗的機制！

第 4 章

體貼小細節篇

45 注意儀容表示尊重

在日本，「注意儀容」一詞含有「不讓對方感到不快」的意思。也就是說，為了不讓人感到不快，要注意自己的穿著打扮是否得體。相對於時尚是以自己的視角出發，注意儀容是以對方的視角為標準。

注意儀容是對他人表示尊重的體貼。

根據美國心理學家阿爾伯特・麥拉賓（Albert Mehrabian）提出的「麥拉賓法則（the rule of Mehrabian）」，決定一個人給人的印象中，外觀占百分之五十五，聲音大小和語調等說話方式占百分之三十八，說話的內容則是占百分之七。

我擔任聯誼活動研討會的講師時發現，聯誼結果不順利的人通常都不太在意自己的穿著。

例如，在夏季聯誼派對上，有個男人穿著短袖、短褲的日式傳統居家服，脖子掛著一條毛巾。對於平時在農村往返家裡和農田的他來說這並沒有惡意，只是選擇了既涼爽又舒適的衣服而已。但他最後沒有配對成功。

但他是一個很老實的人，我在研討會上建議他：「衣服的邊緣看得出老舊感。請務必穿著一年內購買的衣服。如果對時尚的穿著沒有自信，可以請百貨公司的店員幫忙搭配整套衣服，或是在UNIQLO等價格上比較好下手的服飾店購買。建議直接穿上人形模特兒從頭到腳已經搭配好的衣服。」於是，在下一次的派對上，他穿著請百貨公司店員幫忙搭配的衣服出席。給人的第一印象好上許多後，他也成功找到了對象。

不在意儀容的人也不在乎自己是否體貼。

女性失望的不是俗氣的衣服，而是連打扮地整整齊齊來迎接自己都做不到，表現出來的態度是對他人的不尊重和不體貼。

只要裝扮整齊，自然就能傳達出「你對我很重要」的訊息，並展現出尊重對方的態度。

注意儀容，向對方表示敬意！

46 制服效果

法國英雄拿破崙一世（Napoléon Bonaparte）曾說過：「穿什麼就會像什麼。」例如，他登基為皇帝後仍穿著上校的衣服，以向軍隊表示他是站在最前方指揮的人。

在英國赫特福德大學研究時尚心理學的凱倫・皮恩（Karen Pine）博士表示：「衣服的選擇對穿衣者的想法會產生很大的影響。」

制服就是一個很好的例子。擔任空服員的A表示，穿上制服的瞬間就會打開開關，會開始注意到他人盯著自己，並且能夠迅速採取行動，也能細心地顧慮到乘客。對於害羞的日本人來說，制服的力量能夠有效地幫助他們積極地行動。

社會心理學家亞當・丹尼爾・加林斯基（Adam Daniel Galinsky）的研究也顯示，身穿白色醫師袍的醫師組別和沒有穿白色醫師袍的醫師組別中，穿著白色醫師袍那組的注意力會比較高。

像這樣根據穿著改變思考和行動的現象稱為「著裝認知」。

我過去在擔任設計師的時候，周圍都是一頭金髮，穿著隨意的人。因為穿著輕便好活動的衣服，更有助於產生出富有創意的構想。

此外，與打扮乾淨整齊的人相比，穿著較為邋遢的人在出現失誤時，大多都無法順利得到他人的原諒。

在上餐時圍裙上有皺褶的某位空服員表示：「乘客可能是覺得我的圍裙折得很隨便，所以並不信任我。」

根據心理實驗也可得知，社會地位高的人認為不扣釦子或裙子長度太短的人不值得信賴，而且會給予缺乏聰明才智等負面評價。

專業的體貼是指，**為了不讓對方感到不適會注意儀容，而且會穿著可以發揮出應有能力的衣服。**

選擇可以發揮出能力的衣服！

47 外表指標

能夠考慮到TPO（根據時間Time、地點Place、場合Occasion的穿搭原則）的人是會為他人著想的人。因為他們會融入現場的氛圍，不會讓周圍的人覺得需要額外費心照顧這個人。

商業場合上的好感度取決於「信任感」和「好感」。

所謂的「信任感」是，這個人給對方的感覺是可靠、沉著、正直且值得信賴的。而「好感」是指，給人的印象是親切、爽朗和感覺良好等。一般會覺得好感度是與生俱來的氣質，但其實可以用外表來控制。例如：

● 髮型

信任感：男性——頭髮往後梳，沒有瀏海
女性——馬尾或、包頭等將頭髮整個收起來的髮型

好　感：男性——有瀏海
女性——只將臉部周圍的頭髮綁起來的公主頭

● 配戴

信任感：眼鏡

● 表情
好　感：隱形眼鏡
信任感：認真的表情
好　感：笑臉

我常常會用刑事日劇《相棒》的兩個主角來解釋這兩個概念，因為他們分別清楚、具體地代表了信任感和好感。

A信任感：杉下右京（畢業於東大的警部），西裝、眼鏡、認真表情、說話恭敬

B好感：龜山薰（人情派刑警），運動夾克、沒有戴眼鏡、笑臉、直率的說話方式

《相棒》利用服裝表達了以冷靜推理來解決事件的杉下右京和善良熱血的龜山薰這兩個角色的個性，是一部印象管理相當完美，非常受歡迎的電視劇。

當然，最好是同時擁有好感和信任感，但要兩者兼具並不容易，所以請找到、增強適合自己特長。

由上述可知，**所謂體貼的穿著，就是讓對方感到放心的服裝。**

做好讓對方產生好感和信任感的印象管理！

48 避免讓人「生理上無法接受」

無論是在工作上還是談戀愛，只要對方覺得「生理上無法接受」，那後續就很難再更進一步。生理現象是肚子餓、想上廁所等維持生命不可或缺的一部分。人最深層的欲望是希望可以感到安心、安全，所以會本能地優先考慮要如何生存。

「生理上無法接受」的感覺與「沒辦法和這個人共同生存」這種強烈抗拒的想法有關。因此，不使對方感到生理上的不適也是一種體貼。

《一流、二流、三流的銷售術》（暫譯，原書名「販売の一流、二流、三流」）的作者柴田昌孝表示，他在擔任大型和服布料商的頂尖銷售員時，公司規定男性一年四季都得穿長袖襯衫，而且就算到了夏天也不能捲起白襯衫的袖子。

有些公司之所以有這種規定，是因為解開袖扣捲袖子看起會顯得很邋遢。如果只是在辦公桌周邊還沒關係，但若是在開會或是出門拜訪客戶等正式的場合，就得維持穿戴整齊的形象。

但柴田任職的公司禁止捲袖子的原因是，為了「避免讓顧客感到生理上的不適」。因為前來和服布料店消費的顧客幾乎是女性，男性手臂上的毛髮可能會使她們感到不舒服。

每個人覺得反感的事物都不同，所以要留意平時可以顧慮到的部分。

此外，在生理上最令人反感的是嗅覺不敏銳的人。抽菸的人必須敏感地察覺到菸臭味。因為對於不抽菸的人來說，光是站在抽菸者的旁邊就會覺得很臭。再加上有許多男性在吃完午餐後不刷牙，所以有非常多人的嘴裡會散發出混和菸味和食物味的口臭。但他們已經習慣自己散發的氣味，所以本人不會察覺到自己的口臭，因此最好養成飯後刷牙的習慣。

也必須考慮到就連女性都有可能覺得刺鼻的香水味。尤其是在餐廳等地方用餐時，如果對方的香水味比料理的味道還要強烈，那就沒辦法好好地享用餐點的美味。

時尚的基本標準是無臭無味。除了自己也要顧慮到周圍的空間，不讓他人的五感感到不適，才是能夠體貼他人的人。

注意不要造成他人五感上的不適！

49 用活力充沛的聲音來接電話

會體貼的人通常情緒起伏都不大。

心情好的時候還沒問題，但心情不好時就會焦躁不安，讓人覺得難以應付，或是在情緒低落時過於負面完全無法溝通等，這些他人都無法承受，畢竟與情緒大起大落的人打交道並不容易。

也就是說，**能夠安撫自身情緒才有辦法去體貼他人。**

即使遇到令人不開心的事情，也能用開朗的聲音接電話的人，是在向電話的另一頭分享自己的活力。當對方和你說話後感到心情愉快、打起精神或是覺得心情溫暖，就代表你是個能夠自然而然做到體貼的人。

就算是在家裡接電話，如果說話的聲音很小聲，對方也會擔心地詢問：「抱歉，你現在是在外面嗎？」這是因為打電話來的人會很在意接電話的人現在的情況，心想是不是對方剛好在忙。

因此，有活力地接電話，對方就會感到安心。這是不讓對方擔心的一種體貼。

我有一位飯店服務員朋友，經常接到演講邀請。我每次打給他，他總是會接起電話活力滿滿地說：「藤本？怎麼了嗎？」他在接電話的瞬間就喊著對方的名字，並活潑說起話來。即使是打電話尋求他的建議，他也會用開朗的聲音，笑著跟我分享一些積極正向的小故事，所以每次和他說完電話，我都會覺得精力充沛。

比起剛開始的時候，對方在結束對話時感覺更有精神，這就是一種體貼。說話的內容固然重要，但也必須留意開口說第一句話時的口氣。

我有一位擔任聲樂導師的朋友在企業培訓課程上建議，可以在辦公桌上的電話前放一面鏡子，並帶著微笑說話，這樣有助發出愉悅的聲音。因為只要帶著笑容接電話，任何人的聲調都會上揚，顯得聲音更有活力。朋友將之稱為「笑聲」。

若是想要隨時都用活潑的聲音接電話，就要做好這樣的準備，同時也必須讓自己在平時就能夠控制自己的心態（管理內心的狀態）。

用「笑聲」來接電話！

50 守時是一種體貼

因為守時就代表守信用，有很多人會為了避免約會遲到而採取行動。但有多少人會在意工作開始的時間、會議和演講結束的時間呢？

我目前正負責建築業安全大會的培訓工作。

在與危險相伴的工地現場，一點瑣碎的事情都有可能導致重傷或失去性命。因此，工頭必須嚴格遵守規定的午休時間。

假設規定的午休時間是中午十二點到下午一點。十一點五十分時，工人會邊工作邊想著：「再十分鐘就午休了。」結果無論時間是到了十二點還是十二點十五分，工頭都沒有通知已經到午休時間。這時工人會心不在焉地想：「所以午休到底是幾點？」進而引發事故。

工地現場的事故包括斷指或留下後遺症的重傷。守時乍看下只是一件很瑣碎的小事，但其實是攸關守護生命安全的體貼。

在諮商時也必須遵守諮詢時間。除了開始不遲到，在規定時間結束也很重要。

在心理學上，「時間」＝「愛情」。這個想法在幼兒時期會尤其強烈，相信各位父母都能感受到，有很多孩子都認為「父母花在自己身上的時間」＝「愛情」。

委託諮詢的人中，有些具有強烈希望得到認可的欲望（想要得到他人的認同），一旦延長這些人的諮詢時間，下次他們就會不自覺地希望可以延長更長的時間。

於是，在我按照約好的時間結束時，他們可能會疑神疑鬼地想：「諮詢師是不是對自己不感興趣？」或「諮詢師是不是不認同我？」所以，**為了避免讓這些人產生多餘的心理渴望，守時也是一種非常重要的體貼。**

以進化論震驚世界的查爾斯・達爾文（Charles Robert Darwin）也曾表示：「對浪費一個小時不以為然的人，還沒有發現人生的價值。」也就是說，珍惜對方的時間，就是重視對方的人生。

無論是開始還是結束，都要遵守規定的時間！

51 將「沒有回覆」理解成是一種回覆

「沒有消息就是好消息。」這句話的意思是，人在平安無事時不會特別聯繫，沒有聯絡就表示人過得很好，沒有擔心的必要。在孩子離鄉背井後沒有跟家裡聯繫時，他人經常會拿這句話來安慰擔憂的父母，告訴他們：「孩子一定是過得很好啦。」這句話也用來勸戒父母要放手讓孩子離巢。儘管不是對方直接告知，也必須要看懂氣氛，了解對方現在沒有生病也沒有發生什麼大事。

只要他人沒有明確地說清楚就沒辦法理解的人，無法做到體貼；相反地，看得懂氣氛的人就能做到體貼他人。

事實上，看不懂氣氛的人通常比較自我中心，而且缺乏常識。

戀愛不順利的人，遇到對方沒有回覆的情況，就會糾纏不休地一直傳LINE或是訊息問：「為什麼不回我啊？」其實沒有回覆就是一種回覆。

愈是不斷地催促對方回覆的人，愈會說「我們見面的時候明明聊得很開心……」。然而，幾乎不會有人在見面時直接擺出厭惡的表情。

一位會抽菸的男性說，因為自己想抽菸，在與不抽菸的女性第一次約會時向對方表示想要坐在吸菸區。即使有先得到女性的同意，但畢竟是第一次約會，大部分的人都沒有勇氣直接回絕：「我不喜歡坐在吸菸區。」

在約會的過程中，經常會因為第一印象扣對方的好感分數。

- 服裝儀容不整齊
- 滿不在乎地帶不抽菸的人去坐在吸菸區
- 聊天時只說自己的事

當這些行為接連出現，女性會心想：「我不會再跟他約會了。」於是，她就會停止回覆訊息。希望透過不回覆這個方式讓對方知道「我對你沒有興趣」。

沒有回覆就是一種回覆。因此，纏著對方要求回覆是不知趣的行為。

成功哲學家約瑟夫・墨菲（Joseph Murphy）也曾說過：**「不要對他人糾纏不休，因為這樣會反覆地將你的自我主義和欲望灌輸到對方的腦海裡。」**

不要纏著對方要求回覆！

52 通曉人情世故

能夠體貼的人，懂得依照人情世故來處理事情。

一位小酒館的媽媽桑表示，懂得人情世故的客人具備三個條件，分別是「乾脆地付帳」、「不會亂摸女性工作人員」、「下一位客人來時會迅速地離席」。

小酒館有時會為客人叫計程車。有次媽媽桑叫了認識的計程車司機。結果乘客上車後表示：「你是媽媽桑認識的司機吧？把計費表關掉開一小段吧。」要求計程車司機在不會產生車費的情況下開車。

這個行為讓媽媽桑丟盡面子。不能因為是客人就做出旁若無人的行為，為人處事能夠顧慮到提供服務的工作人員是否會開心的人，才是懂得人情世故的客人。也就是說，也要考慮到對方的面子。

有些人可能認為，既然付了相同的錢，那在店裡待的時間愈長就愈划算，但能夠做到體貼的客人，會在店裡人愈來愈多時盡快離席。

體貼是一種流動的心態。像這樣累積陰德，當自己去人潮很多的餐廳時，儘管才剛坐滿人，但很快就會有座位可以入坐。

各位聽過豐臣秀吉採松茸的故事嗎？

有一天豐臣秀吉突然說想要採松茸。家臣只好先去山上查看，結果發現松茸都已經被採光了。家臣思來想去後決定去城裡買一些松茸埋在山裡。

隔天，豐臣秀吉享受了採松茸的樂趣。這時，有位女僕向豐臣秀吉提出忠言：「您沒有發現這是家臣們另外埋的嗎？」豐臣秀吉回答：「我出生於農民家庭，一眼就看出這些不是自然生長出來的松茸。但一想到家臣為了回應我突然提出的要求而付出的辛勞，我就說不出『這是另外埋的松茸』這種不識趣的話。這些松茸大家就一起分著吃吧！」。據說深受愛戴的豐臣秀吉察覺了家臣的體貼，保全了對方的面子。這個故事也因此流傳到後世。

能夠體貼的人會察覺到對方的體貼，而通曉人情世故的體貼行為會成為傳聞。相反地，俗話說「壞事傳千里」，不好的行為會以更快的速度傳到大家的耳裡。

保全對方的面子！

53 大阪人是體貼的街頭戰士

一位在日本關西長大的熟人曾跟我說：「研究歷史文化的人說『關西自古以來就是商業重鎮，所以有一種絕對不能凌駕於他人的文化』。當他人問起『你工作有賺錢嗎？』都會回答『有慢慢在賺啦』。也就是說，就算賺得很多，也會為了不要勝過他人而含糊其辭的表示『有慢慢在賺啦』。」

我原本以為『有慢慢在賺啦』是玩笑話，原來其實是一種體貼。

此外，朋友一邊拿出剛買的包包給我看，一邊說著：「這個是不是很好看呀？而且很便宜喔！」這也是關西人的一種體貼，擔心我手上沒有比他的包包更昂貴的物品。

關西人的體貼是藉由大聲宣布「我沒有覺得自己很了不起」來降低與對方內心的隔閡，讓交談更順利。就像是往對方肚子鑽的一種格鬥風格。

最厲害的體貼是對方毫無所覺。因為不覺得你有在他們身上費心，當然也不會有所顧慮。也就是說，要讓對方自然而然地感到舒適。

在對方沒有察覺的情況下做到體貼的進階篇是引人發笑。心理學上也認為，心情好的人能夠展現出最佳的表現。所以讓對方自然地笑出來，就是在提高對方的表現能力。

這位關西的熟人還極力主張：「關西人並不會羞於談論他們的失敗。我很討厭別人覺得我是在裝模作樣。」關西人最不想聽到的話是「總覺得那個人很無聊」。無論一個人有多帥氣、多可愛，只要有人質疑他「看起來是很帥（可愛）啦～但那個人有趣嗎？」就不會受到大家的歡迎。

自誇無法帶給大家歡樂，談論失敗反而會帶來笑聲。**這個現象在心理學上稱為「失敗效果」。意思是，比起完美的人，帶點缺點的人讓人更有好感。**

關西人平時總是會隨意地提起自己失敗的故事，為大家帶來歡笑。根本就是將低與對方內心的隔閡，讓彼此溝通順利的貼心高手。

商業重鎮——關西是孕育出體貼街頭戰士的城市。

降低內心的隔閡，將對方拉入自己的世界！

54

體貼是武士的慈悲

在心理學中認為「外部影響內部，內部表現在外部」。

環境是外部的代表。格鬥家朝倉未來選手表示，他從小在漁村長大，那是一個充滿鬥爭的環境。將這位未來的綜合格鬥競技冠軍推向巔峰的原因之一，就是他小時候的生長環境（外部）。

內部會表現在外部。朝倉選手向各界的頂尖選手學習招數等，並在比賽中冷靜地運用這些習得的能力。而且他會在比賽一結束時，馬上跑向倒下的對手，扶起並擁抱對方。平時很冷靜，對任何人說話都很有禮貌、恭敬，他這樣的內心（內部）也會流露在他的格鬥風格中。

被稱為是「街頭傳說」的朝倉選手，其最著名的傳聞是兩人打五十人。其實當時還有其他朋友，但這些人在打架之前看到對方的人數後嚇到逃走。一般都會遠離逃跑的朋友，但朝倉選手不一樣，至今仍然和其他人是好朋友。

不只是細心地與他人說話，原諒他人也是一種體貼。如果肚量不夠大，就無法做到原諒。朝倉選手的大肚量使他能夠原諒他人，並給予他人重生的機會。

莫罕達斯・甘地（Mohandas Gandhi）表示：「如果沒有包含允許犯錯的自由，那自由就沒有價值。」甘地被兇手槍擊擊中倒下時，他看著犯人將手放在額頭上死去。這個動作在伊斯蘭教中的意思是「我原諒你」。

日本有句諺語叫「送鹽予敵」，是指幫助陷入困境的敵人。這句話的典故據說是來自被稱為戰國最強的越後武將上杉謙信送鹽給武田信玄的事蹟。日本戰國時代，今川氏真與武田信玄的關係惡化，今川氏真停止供應鹽巴給武田信玄。當時的鹽巴被用來當作調味料和防腐劑，是維持健康不可或缺的食材。上杉謙信得知後表示：「停止供應鹽巴是極度違反道義的卑鄙行為，戰鬥用的是弓箭而不是米鹽。」並送鹽給長期處於敵對關係的武田信玄。

「武士的慈悲」除了用來形容強者憐憫弱者，也可以拿來表示強大的人懷著寬大的心原諒對方的體貼之意。

原諒對方的過失！

55 反覆表達關心

美國作家威廉・亞瑟・沃德（William Arthur Ward）曾說過：「沒有表示感謝之意，就像是禮物包好後卻沒有送出一樣。」換言之，表達謝意也是一種體貼。大部分的人在收到禮物的當下都會向對方道謝，但其中有多少人會在下次見面時，再次表達謝意呢？例如「之前收到的點心好好吃喔！謝謝你和我分享！」等。人際關係良好的人會反覆地表示感謝之意。

在心理學上也認為，會讓人留下印象的是「反覆」和「衝擊」。一般很難用誇大的動作來表達具衝擊性的感謝，相較之下，要做到多次表達感謝（反覆）應該會比較簡單。

記住對方說過的話並放在心上也是一種體貼。舉例來說，在有人表示「最近花粉症的症狀很嚴重……」時回覆對方「你沒事吧？感覺很不舒服」，並在下次見面時不忘說一句關心對方的話，例如：「前一陣子你看起來很不舒服，花粉季節結束後你的症狀有比較好嗎？」

人最關心的人是自己，因此，當有人願意將自己放在心上時，那個人就會成為特別的存在。但如果只關心自己，就無法察覺到對方在意的事情，所以必須要是個對他人感興趣的人才有辦法做到關心對方。換句話說，**能夠反覆表示感謝和關心的人是屬於會對他人感興趣的類型。**

法國哲學家雅克・馬里頓（Jacques Maritain）曾說過：「表達感謝之意是最美的禮儀。」

我有柔道初段的資格，對武術有一定的了解。武術原本的目的是幫助塑造人格，所以武術的宗旨是「以禮為始，以禮為終」。柔道家在進入道場時，即使場上沒有人，也會朝著榻榻米低頭，以表達「允許我使用道場」的感謝之意。比賽前後也一定會敬禮，這是為了向對手致敬，並在戰場上控制戰鬥的本能。

所以說平時反覆地表達謝意不僅僅是為了對方，也是為了自己。透過一次又一次的關心，自己也會有所成長。

反覆傳達謝意和慰問之意！

56

成為能夠道歉的人

懂得體貼的人同時也是能夠開口道歉的人。

我有一位朋友是優秀的飯店服務員，他對我說：「如果是道歉就可以解決的事情，不管要道多少次歉我都會去做，因為沒有比道歉更輕鬆的事。」

能夠對他人道歉的人擁有很高的自我肯定感。

有些人在受到他人的警告時，無法坦率地說聲抱歉，會找藉口說：「我怎麼知道！」他們之所以無法開口道歉，是因為害怕一旦承認錯誤，就會失去自我。

擁有強烈自我肯定感的人，知道就算道歉也不會降低自己的存在價值，所以他們能夠向他人低頭。

《從乘務員室看到的JR 英語車掌的鐵路親身經歷》（暫譯，原書名「乗務員室からみたJR英語車掌の本当にあった鉄道打ち明け話」）的作者關大地表示，在過去擔任車掌時經常因為火車誤點等原因收到乘客的客訴。但面對乘客不講理的憤怒，他也會表示「真的非常抱歉」。

關大地有在練空手道。空手道的宗旨是「不先動手」（避免自己擺出好戰的態度），所以空手道的型全部都是從防守開始。空手道防守五準則中有一個是「流水」。在河川中漂流的葉子不會撞到岩石，因為河水會避開岩石沖走葉子。就如同流動的水，「流水」的防守方式是絕對不會跟對方的攻擊硬碰硬，會將對方的力量推向其他方向。

因此，當關大地遇到他人不講理地對他發脾氣時，會想著「流水」選擇不正面回應。畢竟將時間花在與他人爭執或被討厭的情緒影響並不值得。

能夠向他人道歉的人，在對方的攻擊下受到的傷害會最小，不會受到壞情緒影響。而且心情好的時候會親切地對待他人。

約瑟夫・墨菲還說過：「想要事業成功，毫不猶豫道歉是不可或缺的優秀能力。」無法道歉開口的人乍看下似乎很強大，但他們其實很軟弱。相反的，能夠道歉的人既強大又會體貼。

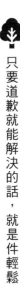

只要道歉就能解決的話，就是件輕鬆的事！

57 將主詞從「我」改成「我們」

體貼的最高境界是使自己與他人的界線變得模糊。

那要怎麼樣才能避免優先考慮到自己，將他人視為跟自己一樣存在呢？

言語會在重複的過程中成為想法，想法最終會成為行動並成為那個人的生活方式。

其實相較於英語，日語較常表現出的是一個整體，而不是單純的個體。以下就一起來試著比較英語和日語。

英語是一種由重視個性的文化所孕育出的語言，所以在沒有明確主詞的情況下，也會以建立虛構主詞的方式來主張「我」。

另一方面，日語很少主張「我」，與他人之間的界線很模糊。

在日本文學名著川端康成的《雪國》中，開頭的第一句「出了縣境的長途隧道，便是雪國」就沒有主詞。因為看著這個場景的「我」就是「你」。**日語是由一種界線模糊，重視整體性而非個體的文化所孕育出來的語言。**

模糊自己和對方之間的界線，感覺對方自己是生命共同體，如此才會重視對方。

比起說「我」，說「我們」更有一體感。

被譽為是演講大師的第四十四任美國總統巴拉克・歐巴馬在演講中用了「Yes We Can（我們做得到）」這三個字來吸引聽眾。由此可知，體貼的第一步是，使用具有一體感的話語，並理解對方的心情。

說話時要使用具有一體感的話語。

58 在沒有人看到的時候你在做什麼？

在潛意識世界中，會將你在對方沒看到時做的事傳達給對方。

你在手機登錄他人的名字時，名稱都會設成什麼呢？

懂得體貼的人，手機登錄的名稱一定會加上敬稱，例如「山田太郎先生」。儘管對方永遠不會看到自己的手機畫面，但真正的體貼是，即使是在沒有人會看到的地方，也會向對方表達敬意。

例如，在掛斷電話後碎碎念說「嘖！這人真煩……」，儘管對方聽不到，也會確實傳達到對方的潛意識。因為潛意識裡並沒有祕密。

在準備回覆對方在你的Facebook貼文留下的言論時，對方的名字只有顯示「山田太郎」。但這並不表示你可以直接省略敬稱，回覆「山田太郎謝謝你的留言！」，這麼做會顯得自己不太體貼。

對一個人來說，名字是他最熟悉的單字，也是用來代表自己的重要部分。重要到在名單上找不到他人的名字，但馬上就能找到自己的名字。畢竟**人最關心的人就是**

自己。

透過加上敬稱「山田太郎先生，謝謝您的回覆」，就可以看出你在向對方表示敬意。如果平時就重視對方，應該會覺得不使用敬稱很奇怪。在回覆大量的留言時，要花一點時間才能為每個人加上敬稱，但體貼並不會吝惜於為他人花點心力。

日本有些公司會設一個根據業務負責人寫上拜訪對象企業名稱的地方（近年來因為保護個資的關係，會這麼做的公司已經逐漸減少）。從寫在白板的方式，就能看出該公司對客戶的態度。如果公司裡只有頂尖業務，那拜訪目的地必定會加上「樣」（日語的敬稱），例如「下午一點 山田商事樣」。當然，客戶的負責人並不會注意到公司內的白板，但潛意識是沒有祕密的。

因此，在對方沒看到的時候做的事情、想的事情都會傳達給對方。

對方不在的時候也要重視對方！

59 體貼的油門和剎車

你的體貼有安裝剎車和油門嗎？

體貼不可以只有隨時都在進行的油門，也必須要有當對方沒有要求時就不進行的剎車。

心理學上認為，不能選擇自己的情緒是一件不自由的事情。每當有人犯錯時，總是大發脾氣的人就是不自由的人，因為只能選擇憤怒情緒。**所謂的自由是可以選擇生氣，也可以選擇冷靜地進行說明。**

在既可以發脾氣也可以冷靜地說話時選擇生氣，與只能選擇憤怒情緒完全不同。

假設有一家餐廳無論冬天還是夏天都只能點蕎麥沾麵的話，各位應該會覺得選擇上很侷限吧？一般來說會根據身體狀況和心情來選擇午餐，例如夏天點蕎麥沾麵，冬天點蕎麥湯麵等。體貼也一樣。

我有一位護理師朋友在新人時期曾向那些長時間只能躺在床上，沒辦法洗澡的患者推薦一種只洗雙腳的沐浴方式。不僅能清潔雙腳，還能改善從腳尖到全身的血液循環，進而獲得良好的睡眠品質。

但她逐漸發現，有些患者覺得身體不舒服不想洗腳，或是覺得讓他人幫自己洗腳很丟臉。於是，她開始在搭話方式上下工夫。在詢問患者「要不要洗腳呢？」的時候，如果患者回答「嗯……」，她就會告訴對方：「今天不洗也沒關係，可以明天或是選其他喜歡的時間，不過請告訴我想要哪天。」接著患者開始願意說出自己的想法：「那就明天好了。」

這位朋友精力旺盛，很有活力，就連其他護理師做不到的事情，她也會率先採取行動。因此，她才會察覺到多管閒事的危險。

患者其實很在意護理師。醫院是患者生活的地方，所以他們不想說多餘的話，惹護理師不快。護理師不僅需要油門，讓自己只做自己想做的事，也必須要有剎車，用來抑制自己的想法並回應患者的需求。在控制油門和剎車的同時，創造出可以說出真心話的環境是一種對患者的體貼。

不要多管閒事！

60 向食醫學習的體貼

為了建立良好的人際關係，小心不讓對方踩到自己心中的地雷也是一種體貼。

以前有個人因為討厭未婚夫吸蕎麥麵的聲音而解除婚約。但如果不喜歡吃東西發出聲音的行為，就應該事先告訴對方。

例如，在去蕎麥麵店前，事先表示：「我不喜歡吃蕎麥麵發出聲音的人，有些人認為大聲吸蕎麥麵代表懂得蕎麥麵的美味。但如果身邊的人這麼做的話，就算熱戀多年也會馬上失去愛情。」日本人很會看氣氛，只要在事前聽到這些話，即使是平時會大聲吸蕎麥麵的人，也會顧慮到對方，安靜地吃完。

像這樣**發表自己的意見時，建議使用「以我為主詞的說話方式」，也就是所謂的「我訊息（I message）」**；相對的，最好避開「以對方為主詞的說話方式」，也就是「你訊息（you message）」會比較安全。這是美國心理學家托馬斯・戈登（Thomas Gordon）提出的一種溝通方式。

舉例來說，相同事情，用我訊息傳達「聽到人家這麼說我覺得很受傷」，就只是傳達出本人的感受，但如果是用你訊息表示「竟然說這種話，你也太過分了吧！」聽起來則會讓人覺得是在批評對方。

事先拜託他人幫忙稱為「預防性我訊息」。去吃蕎麥麵前，在閒聊時隨口提起預防性我訊息「我不喜歡吃東西發出聲音」，如此就不會對任何人產生不必要的幻滅。主管在責備下屬太慢接電話前，事前傳達預防性訊息「電話要在響三聲內接起來，沒做到的時候就會收到我的警告」，就可以避免不必要的訓斥。

中國曾經有一個名為「食醫」的官職，這個職位的工作是透過飲食來管理皇帝的健康。據說食醫的地位比用藥治病的「疾醫」和用手術刀治療的「瘍醫」還要高。

由此可知，預防在健康和溝通方面都有很高的價值。體貼的人能夠預防他人踩到自己的地雷。

利用「我訊息」做好避免踩到地雷的措施！

第 5 章

體貼的經驗分享篇

61

絕對不可以捨不得體貼

當一個人穿著漂亮的衣服時，各位是否能夠開口稱讚對方「好漂亮喔！」、「很適合你耶！」呢？

若是開不了口，那又是為什麼呢？

有些人不願意稱讚他人，可能是因為覺得對方會認為自己是在討好他。

那如果是孩子幫忙照顧兄弟姊妹，各位是否能夠開口誇獎他們「好了不起喔～」呢？相信有一些人是怕孩子會得意忘形而選擇不表揚他們。

像這種對於是否要稱讚人猶豫不決的人，就跟小氣鬼不受歡迎一樣，他人不會對這種人產生好感。精神分析之父西格蒙德・佛洛伊德（Sigmund Freud）也曾表示：「不要吝惜於給予愛，本金這種東西，只要使用就能回本。」

懂得體貼的人，很擅長稱讚他人，他們可以坦率地說出自己的想法。這對他們來說，只是坦率地表示自己真的覺得很棒，並不是刻意想要諂媚、奉承對方。**不僅在隨口附和的時候加入認同的話「真厲害、做得真好、不愧是你」，也要發自內心地**

將讚美之意傳達給對方，如此就能順利地進行交流。

日本心理學家伊東明在著作《三句話抓住男人心》（暫譯，原書名「男は3語であやつれる」）中針對女性受到男性歡迎的祕訣，進行了以下的介紹。

「對狗說握手，對外國人說哈囉，對男人說你真棒。」

會這麼說，是因為據說男性會在受到稱讚後成長。

然而，如果不是真心這麼認為，那即使稱讚對方也不會有效果。**因為在潛意識的世界裡沒有祕密，腦中真正想法會透過深層的管道傳給對方。**

不該抱有「就算有可以付出的愛情，也不要給予對方」的想法，而是要認為「如果有可以給予的愛情，那就要毫不吝嗇地付出」。能夠肯定（稱讚、慰勞、認可）對方的人才是懂得體貼的人。

不要吝於讚美！

62 輕鬆地要求再稱讚一次

體貼是一種能量，能量的性質與金錢相似。如果錢包裡沒有錢，那就沒辦法請他人吃飯。**體貼也一樣，若是心中的錢包沒有能量，就無法為對方著想。**

人在得到認可時，心中的錢包會累積正向能量，如此就能將這些能量分給其他人。也就是說，沒有心中的錢包，且充滿負面能量，就沒辦法肯定對方（稱讚、慰勞、認可）。

日本人認為謙虛是一種美德，並認為向他人求得稱讚是一件厚臉皮的事情。所以我在培訓的課程中，要求學員做「欸欸欸！你聽我說的作業」。這是將發生在自己身上的好事、想要得到稱讚的事情直接告訴對方的作業。

舉例來說，開朗活潑、情緒高昂地表示：「欸欸欸！你聽我說！我上次抽到筆電耶！運氣是不是很好！」對方聽到後也會稱讚地表示「好厲害啊！運氣真好！好羨慕喔！」

重點在於，要用情緒高昂、興致勃勃的樣子來說話，而不是一臉嚴肅地闡述。

如果板著一張臉認真地說出這件事，那就只是在炫耀而已；反之，興奮地向別人敘述，則會營造出像是在搞笑一樣的愉快氛圍，對方也會比較容易開口稱讚自己。

懂得體貼的人善於尋求他人的稱讚。

千原二世曾經這樣稱讚搞笑藝人飯尾和樹：「他是超級有趣的人，就算失誤也還是很有趣，沒有需要改進的地方！全日本找不到幾個這樣的人，飯尾就是其中的佼佼者！」於是飯尾滿面笑容地對著鏡頭要求：「拜託請用超級慢速再說一次！」引起全場爆笑。

就像這樣，稱讚其實可以隨意地要求再來一次。

最重要的是，要允許自己「想要得到稱讚的時候就提出要求」，而不是告訴自己「就算想要得到讚美也得忍耐」。**可以向他人尋求認可的人，自我肯定感會得到提高，並且能夠認同他人。**

可以提出肯定請求的人是能夠體貼的人。

要求對方再稱讚一次！

63 他人的稱讚要欣然接受

有些人在他人稱讚自己事業有成時，會回答「我只是運氣比較好」；或是在體育方面創下好成績，身邊的人都說自己「你表現得真的很好耶！」時回說「只是僥倖而已啦」。以客氣、謙虛為美德的日本人大多都會如此回應。

講師A認為聽講生在問卷調查中填寫的好評價是在恭維自己，不好的評價才是真心話，所以在看完問卷調查後感到很沮喪。這是因為講師A習慣低估或貶低自己所做的行為，心中的錢包才會只有負面的能量。

當一個人只蒐集負面能量時，不僅會影響自己的心情，也會對他人說的話感到很敏感。當然也就沒辦法從容地體貼他人。

事實上，也有正能量傳遞到A的心中，但他在自己的意識中裝設過濾器來阻止內心接受這些正向的能量。

在遇到自己不喜歡的事情時選擇無視或忽視，這個行為在人際溝通分析中稱為「撫慰過濾器」（Stroke Filter，有色眼鏡）。

在戴上這種有色眼鏡後，正向能量會全部轉變為負面能量。

而且**如果往不好的方向來理解，稱讚的人也會感到有壓力，導致人際關係容易出現問題。**例如：

主管：「你工作的速度很快耶！」

下屬：「意思是只有做得很快，但做得不好嗎？」

之所以會出現這樣的對話，是因為下屬戴著會曲解主管話語的有色眼鏡。

相反地，坦率地接受稱讚，工作就能順利地進行：

主管：「你工作的速度很快耶！」

下屬：「謝謝！」

認為坦率地「接受讚美」，而不是「受到稱讚就應該要謙虛」的人，心中的錢包才會累積正向能量，並且可以與他人分享這些能量。也就是說，善於為他人著想的人，同時也很善於接受。

坦率地接受讚美的言詞！

64
鞭笞之餘，也要給自己糖果

不允許任何放縱行為，嚴格對待自己的人，即使努力讀書取得證照或是在工作上取得了不起的成就，也會表示：「很多人都可以做到這種程度，我還差得遠。」他們為自己設下難度更高的目標，並繼續向前努力。

嚴格對己的人也是標準很高的完美主義者，心裡有覺得「必須～」、「應該～」等自己訂下的規則和高難度的門檻，所以他們不會稱讚自己。就好比總是只給自己鞭子，不給自己糖吃一樣。

在這樣的情況下，心中的錢包就不會累積自我認可的經驗，自然也就無法為自己補充精神能量。

就像汽油耗盡無法發動的汽車，從自我認可的經驗中產生的正向能量多寡與精力有關。當極度缺乏正向能量時，人就會出現憂鬱症狀。

拙作《受歡迎的人都在做的100個習慣》（暫譯，原書名「なぜか好かれる人がやっている100の習慣」）中也有介紹，能夠對著自己自吹自擂的人，善於為自己帶來正向能量。

能夠展現出高水準表現的人，在工作上就算只是小事都會自言自語地自誇一番，例如，完成文件時對自己說：「太厲害了，我根本是天才！」因此，正向能量會累積在心中的錢包中。如此一來，就能夠隨口說出肯定（稱讚、慰勞、認可）他人行為的話語，人際關係也會更加圓滿。

嚴格對待自己，不放縱自己的人，往往會被自己設下「應該這麼做」的規則所束縛，並且會用同等嚴厲的標準來對待他人。

比起「不可以寵壞自己」，「在努力後大肆稱讚自己」的想法才能夠補充能量，進而產生出可以體貼他人的餘裕。

換言之，不只是鞭子，能夠給予自己糖果的人，最後也會善待他人。

稱讚自己，補充能量！

65 不要處於飢餓的狀態

人際溝通分析之父艾瑞克・伯恩表示：「要維持人的心理健康，就必須不斷地刺激感覺（撫慰）。」我們人類就是為了尋求正向刺激而活。

在公司笑著對他人說「您辛苦了」後，當對方用同樣的方式進行回覆時，就會受到正向的刺激。

那若是得不到正向的刺激，人會怎麼樣呢？

我的心理學老師是從造成大量客訴的爛員工搖身一變，成為一個業績超標，遙遙領先第二名的員工，就算將其他所有員工的業績加起來也比不上他一個人的業績。

當他還是個糟糕的員工時，同事為了嘲笑他大量引起客訴，暱稱他為「霍夫曼」，這個名稱來自於達斯汀・霍夫曼（Dustin Lee Hoffman）的代表作電影《克拉瑪對克拉瑪》。

他比誰都早上班，比任何人都晚下班，但在公司對他人打招呼說「辛苦了」的時候，所有人都無視他。各位知道他接下來做了什麼事嗎？他引發更嚴重的客訴事件，被老闆狠狠地揍了一頓。

在人際溝通分析中認為，當一個人遭到無視時，就會陷入撫慰飢餓（刺激飢餓）的狀態。

舉例來說，媽媽帶著孩子去購物時，因為遇到熟人開始站著聊天。這時，孩子會因為媽媽不關心他，陷入撫慰飢餓的狀態而感到無聊。於是，孩子拉著媽媽的裙子，並對媽媽惡作劇，最後被罵了一頓。

如果長期陷入撫慰飢餓的狀態，人的內心就會不自覺地想，就算是負面的關係（挨罵）也好，希望可以引起他人的關注。我的老師在爛員工時期就是這麼想的。

遭到無視比挨罵更痛苦。

德蕾莎修女（Mater Teresia）曾說過：「愛的反面不是仇恨，而是漠不關心。」

懂得體貼的人，不會做出無視對方的行為。

要知道無視會讓事情變得更糟糕！

66 不要成為需索無度的人

人是為了渴求愛而活。小時候想要獲得認可的欲望沒有得到滿足的人，長大成人後也會執意地希望他人關注自己，過分地渴求對方的愛。**當自己只想著要得到愛時，就不可能為他人著想。**

世界著名女演員瑪麗蓮・夢露（Marilyn Monroe）在小時候被迫流轉在各個親戚家。也許她不自覺地在這樣的生活中體會到「愛不可能長久」，所以她在之後經歷多次的結婚和離婚。即使得到他人的愛，她也會主動採取好像馬上就會失去這段愛情的行動。

而且她還說過，她晚年在拍電影等公開場合時，經常喝醉酒和遲到。因為她會不自覺地希望，就算她遲到，拍攝人員也會等自己或是給予各種照顧。

這是過度渴望認可的「需索無度」症狀，她認為即使得到不好的評價，也總比被無視還要好，是一種撫慰飢餓（參考第六十五則）狀態的思考方式。換言之，如果得不到正向刺激，得到負面刺激也沒關係。

在人際溝通分析中，將小時候認定人生就是這麼一回事的行為稱為「人生腳本」。一般來說，人會在不知不覺中照著那本腳本生活。

瑪麗蓮・夢露也是在人生腳本中下意識地相信「愛不可能長久」這一價值觀，所以才會在許多人愛她的同時，主動採取最後會讓他人感到厭惡的行動。

每個人都為了渴求愛情而活。然而，希望獲得認同的欲望過度強烈或是手握否定性的人生腳本（失敗者的劇本）都會使人玩起心理遊戲。

心理遊戲在人際溝通分析中的定義是指，明知道最後會以不愉快的心情結束，仍會不斷重複的人際關係習慣。

最重要的是要將人生腳本改寫成肯定性的內容，以避免自己試圖從他人那裡索取超過必要程度的愛，導致引起問題。

在「人生就是○○、愛就是○○」的○○中填入
肯定性的詞彙！

67 過度的體貼是致命的

扼殺自己迎合對方的人內心感到的壓力會很大，所以他們沒辦法長時間體貼他人。若是優先重視的不是珍惜自己，而是對方的評價，人就會感到疲憊不堪。

我的己書（日本的一種書法）老師則武謙太郎對我表示，他自己也曾在不知不覺中滿足了父母和老師的期待。

小學一年級在學校注射疫苗時，班導師對他說：「因為小謙是第一個注射疫苗的人，老師跟你說，如果第一個注射的人哭了，那其他人都會哭，所以你要忍住不哭喔！」

打針對孩子來說非常可怕，但他為了回應老師的期待，壓抑自己的恐懼感，努力忍住不哭。當下他並沒有注意到這個行為是在勉強自己。

在長大成人後，他作為受到家人依靠的長男備受期待，總是面帶微笑，開朗有活力地扮演好孩子，結果罹患上了恐慌症。

為了取悅他人而偽裝自己，會使自己感到痛苦。

則武老師說，在生了這場病後才知道要珍惜自己。從那之後他開始學習諮商等知識，不斷地告訴他人「做自己沒關係」。

當你回應某人的期待時，就會以獲取稱讚或承認的方式來得到認可（刺激、接觸）。想要得到父母肯定的孩子深信，如果按照父母的耳提面命的事去做，父母就會願意認可自己。

在人際溝通分析中，將過於滿足他人期待稱為「心理驅力（drivers）」。

- 要完美（be perfect）
- 要努力（try hard）
- 討好別人（please others）
- 要快一點（hurry up）
- 要堅強（be strong）

若是過度滿足這五種期待，內心必定會崩潰。

不要過度回應他人的期待！

68 不要以完美為目標

當一個人受到「要完美（be perfect）」所驅使時，會變成什麼樣子呢？

在潛意識法則中，起點比終點更重要。就好比播下牽牛花的種子就會開出牽牛花，並不會出現播下牽牛花的種子卻開出向日葵這種事。

人在採取行動時，如果是抱持著「必須要完美，要不然就得不到他人的認可」、「如果不完美就不能得到愛」等不安的心情開始，不安的事情就會實現，例如即使結果是完美的，仍然得不到肯定。

這是因為起點往往比終點更重要。如果動機是從愛開始而不是恐懼，那愛之花就會綻放。

我很喜歡中田敦彥的YouTube大學頻道。YouTube大學的理念是「快樂學習」，正因為從以前就喜歡學習的中田真的是以「學習好快樂」的幸福心情開始做這件事，這個教育類YouTube頻道才會受到大眾的喜愛。

擁有KO炸藥之稱的拳擊手，前WBA超羽量級冠軍的內山高志表示，拳擊手為了打倒對手用力打出的拳擊並不會產生效果。要放鬆身體，以快到對手看不到的速度打出的拳擊才能KO對方。同理，以「要完美」的強硬態度努力，從恐懼中採取的行動並不會順利。

人因弱點而受到喜愛，不完美才是所謂的人類。這點在心理實驗中也得到證實，完美帶有壓迫感，令人難以接近；相對地，與帶有適度親切感的人相處會覺得很舒服。就好比我家的貓腿很短，但這種「不足」卻顯得很可愛。

身為世界級大眾情人的瑪麗蓮・夢露曾說過：「不完美就是美麗，瘋狂才是天才。」而且她自己本身就是被無數醜聞纏身，因不完美而備受喜愛的女演員。

心理學家阿爾弗雷德・阿德勒（Alfred Adler）也曾說過：「光是責備做不好的自己，永遠都不會獲得幸福。只有勇敢地認同現在的自己，才能成為堅強的人。」

接受不完美的自己，內心就會產生從容感，並且自然而然地就能夠為他人著想。

放鬆身心，活出真實的樣子！

69 拚命努力很危險

努力工作並不是件壞事，然而，受到「要努力（try hard）」所驅使的人，因為過度努力，無論做什麼事都無法享受其中。

只要請假放鬆心情，他們的內心就會產生罪惡感，在這種情況下，很容易就會成為埋頭於工作的工作狂，所以必須多加留意。此外，帶家人出門遊玩時也是，如果太過努力，玩樂就會變成義務和痛苦，進而使家庭關係出現裂痕。

自己沒有餘力，當然就沒有多餘的心力去體貼他人。

在職場上也有擁有「要努力」心理驅力的人，他們工作做得很出色，但普遍對他人都很苛刻。看到有人在工作中露出笑容時，甚至會煩躁地覺得這些人「也太不認真」。

也有同時持有「要完美」和「要努力」這兩種心理驅力的人。

我曾經指導過的網球選手，因為很認真，導致他強烈受到「要完美」和「要努力」這兩種心理驅力所驅使。狀態好的時候還沒關係，一旦發揮不出該有的水準，就會非常地自責，並在比賽中緊張到沒辦法順利發揮出自身的能力。

在心理學上認為，能力和心理狀態成正比。無論是多麼有才華的人，只要感到緊張，就無法發揮出最佳的水準。雙人比賽時，如果自己沒有餘力，在搭檔失誤時就沒辦法大喊「別在意！」。這就會導致比賽的氣氛愈來愈低迷，進而無法取勝。也就是說，要有關心他人的餘力才能靠近勝利。

重點在於要注意到自己擁有的心理驅力，**放鬆身心，緩和過度受到驅使的衝動。**如此內心才會感到從容，並產生出為他人著想的能量。古羅馬詩人奧維德（Ovid）曾說過一句話：「如果沒有休息的時間，就無法繼續下去。」

吉他也是如此，琴弦如果拉得太緊，很容易就會斷掉，如果在不用的時候鬆開，就能延長使用的壽命。一開始或許需要一點勇氣，但**人也需要不需要努力的時間**。藉由不努力來補充體貼的能量。

選一天作為不必努力的日子！

70 不要勉強討好他人

在不斷聽到他人說「要孝順父母」、「要親切待人」的過程中，不自覺地產生出「討好別人（please others）」心理驅力的人，會犧牲自己為他人盡心盡力。

A表示「我沒有朋友」。儘管平時會見到許多人，但裡面沒有一個人是他的朋友。女性常常把「我沒有衣服可以穿」掛在嘴邊，但衣櫥裡卻掛著許多衣服。其實是沒有想要穿的衣服，所以是處於一種衣櫥裡有（不想穿的）衣服，但沒有（想穿）衣服可以穿的狀態。

有要見面的人但卻覺得自己沒有朋友的概念，與有很多衣服卻沒有衣服可以穿一樣。儘管與許多人見面，但如果沒有進行親密真心的交談，就無法獲得滿足感，內心依然會覺得空蕩蕩的。跟合不來的人在一起度過的時間，只會消耗精神，讓人感到空虛。與其如此，不如一個人享受時間，精神會更充沛。

A是很容易感到孤單的人，一有空閒就會與他人約見面，但並不是每一次都可以得到自己想要的認同感。也就是說，與他人見面可以填補時間，卻無法填補內心的空虛感。因此，**必須要自己一個人享受時間。沒有必要回應他人的期待，也不需要過度取悅他人。**

一旦陷入總是勉強自己討好他人的情況，就無法享受生活。若是將注意力轉向外部，不珍惜自己，也沒有有所顧慮的話，內心就會感到空虛。

這就是內心處於空屋的狀態。沒有人住的房子很快就會荒廢，空房子放置不管，就會出現建築物老化倒塌、非法入侵或非法傾倒垃圾等問題。

忙於看別人的臉色時，心中的自己通常都會不在家。如果沒有關心他人，補充自身精力的時間，內心就會感到疲憊不堪。在內心疲憊的情況下，無法建立良好的人際關心，而且若是內心一片荒蕪，自己周邊的人際關係也會往不好的方向發展。

首先要做的是重視自己。**避免將內心變成空屋，既是為了你自己，也是為了身邊的人。**關心自己是體貼的第一步。

不要將內心變成空屋！

71 欲速則不達

人際溝通分析的「要快一點（hurry up）」心理驅力也是驅使我行動的最大因素。相信有很多人從小被催促「快點、快點」到大，我也一樣，我的母親經常對我說：「做什麼事情都慢吞吞的，快點好嗎！」

在我小學四年級的時候，學校出了一個縫抹布的作業。因為家裡有腳踏式縫紉機，原本打算請曾在裁縫工廠工作過的媽媽教我怎麼做。但只要稍微踩大力一點，線就會斷掉，無法順利車縫完成。媽媽看了煩躁地表示：「妳到底在做什麼啊？連這種事都做不好，要這麼做才對！」並幫我把抹布車縫完成。我因為這次被催促和挨罵的經驗變得非常討厭縫紉機，現在如果要縫什麼也都是選擇手縫。

若小時候接受「快點做」的教育，那之後什麼事都會想快點完成。**擁有「要快一點」心理驅力的人無法仔細體會過程，也沒辦法放慢速度、冷靜思考後再行動。**

多年來，我也是抱持著「我的動作很慢，所以要快點才行」的心態來處理每一件事。結果，當我真的必須抓緊時間時，就會感到焦躁，有時甚至無法顧慮到對方。

然而，在我擔任設計師的時候，同事的一句話改變了我的世界。

我：「我的動作很慢，所以打算早點開始動工。」

同事：「什麼？藤本做什麼都很快啊！不論是走路、吃飯還是打字都超快！」

「我的動作很快？」一時間我無法相信這件事。直到學習心理學後我才知道，我對自己的認知從小時候就一直沒有更新。

在美國臨床心理學家阿爾伯特・艾利斯（Albert Ellis）提出的理情治療法（Rational Therapy）中認為，必須將「非理性信念（Irrational Belief）」轉變為「理性信念（rational belief）」。非理性信念是指①妨礙目標的達成、②沒有根據事實、③不符合邏輯、④想法不靈活。

加快動作並非壞事，但不用總是那麼著急。就好比走路對身體很有幫助，但沒有必要在坐下來之前不停地移動，也就是說，不需要一直趕來趕去。而且做事匆匆忙忙，就很難顧慮到他人。

做事情要不慌不忙、腳踏實地！

72 弱點會成為體貼他人的材料

人際溝通分析的「要堅強（be strong）」心理驅力又是什麼呢？

如果接受的是「男孩子不准哭」等禁止示弱的教育，最終將無法展現出自己的情感。人在不斷、反覆地勉強自己，以避免表現出弱點後，就會連自己的感情都無法理解。

在諮商的過程中，也有些人在被問及「你現在覺得如何？」時，不了解也說不清自己感受。

無法表現出軟弱一面的人，對他人會很嚴格。因此，弱點會成為用來體諒他人的材料。精神分析學家西格蒙德・佛洛伊德（Sigmund Freud）也曾說過：**「他人的優點來自於你的弱點。」**

各位小時候和朋友吵架，哭著回家時，父母對你說了什麼呢？

被父母怒斥「不要哭了！挨打的話就打回去啊！」的孩子學到的是不可以哭，但可以生氣。父母深信「不能容忍軟弱，但允許憤怒和強硬的態度」這種非理性信念

（Irrational Belief）。於是，當孩子長大成人後，就會成為一個一遇到什麼事就會像即熱式電熱水器一樣大發脾氣，並且只會吵架的人。

順帶一提，和朋友吵架後哭著回家時，被父母責備說「反正錯的一定是你！」的人學到的是，無論發生什麼事錯的都是自己，道歉就能圓滿解決問題。於是，他們不再發表自己的想法，而是扼殺自己，看對方的臉色做事。

信念取決於所處的環境。信念會影響人的想法和行動，而想法和行動又會影響人際關係。

認為軟弱很丟臉，固執己見，不依靠任何人，就代表不相信任何人。建議偶爾也可以依賴一下信任的對象。

渴望被人撒嬌、被依賴、對他人有幫助是人類的天性。**能夠接受對方向自己撒嬌的人，也可以接受他人的溺愛**，而且如此一來，就可以為更多人著想。

試著對別人撒嬌吧！

73 要蒐集的不是情報而是名望

我的諮商師同事曾經告訴我，蒐集過多情報的人很危險，因為他們會試圖利用獲取的情報來控制周圍的人。

有些公司之所以會有轉調部門和工作崗位調動的制度，是為了不讓情報和權力集中在一個人身上。日本金融機構的分行經理等，兩到三年會輪換一次服務地點，也是為了防止勾結和貪汙。

任職於某個企業的A，在公司內以「包打聽」而聞名。即使是與他無關的部門，只要有人在說話，就算距離很遠，內容也會傳入他的耳朵。對A來說，如果不能掌握公司內發生的大小事，內心就會很不安。

事實上，A不擅長與人對視，所以其他人覺得他這個人很冷淡。因此，公司內沒有人會主動跟A說話。在這種情況下，A就會不自覺地陷入撫慰飢餓（參考第六十五則）的狀態。

因此，A為了與他人打交道，掌握了很多情報，並不自覺地創造出，其他員工不得不向A提出工作問題的情況。當對方涉及到有關自己的事時，就會將注意力轉向自己，所以A藉由掌握大量情報來維持對他人的影響力。

然而**重要的其實不是情報而是名望。如果總是對他人露出微笑，並幫助、關心他人，就算手中沒有情報，也會有人聚集在自己身邊。**這就是所謂的體貼，而且懂得體貼，有助於提升自己的名望。

在短時間內就成功出人頭地的B基本上不會拒絕主管的邀約。B對此表示：「在工作以外的酒會上，可以從主管那裡學到平時不會學到的工作知識。」

B平時會和職場上的人交流，而且一定會記住對方的生日，並不忘在當天祝賀對方「生日快樂」。

能夠為他人著想到這種程度的B曾說過：「我什麼都沒有，沒有學歷、證照、能力，之所以可以出人頭地都是多虧了身邊的貴人。」

相較於蒐集情報，利用關心他人來提高名望，可以得到更多的支持和幫助。

要掌握的不是情報，而是對方的心情！

74 批評他人有百害而無一利

Ａ會在背後貶低他人，例如「那傢伙是個白痴」、「那個人不能身兼大任」。他認為自己以外的人都是笨蛋，所以絲毫不會為對方著想。

這在心理學上稱為「虛構優越感（virtual superiority）」。不是自己腳踏實地累積成功的經驗，而是以透過批評、輕視，將對方貶低到一文不值，來感受自身優越性的行為。在人際溝通分析中，將瞧不起、取笑他人能力或情況等行為稱為「漠視（Discount）」。

沉醉於虛構優越感的人普遍缺乏自信，這點在出現意見與自己不同的人時就會顯露出來。

只要有人稍微對自己的意見表示異議，就算至今雙方關係都很友好，Ａ也會從下個瞬間開始刁難對方。例如在對方主動打招呼時選擇無視等，同時還會開始向身邊的人說對方的壞話。

當然，Ａ的身邊就只有會點頭稱是的人。而且Ａ非常無情，就算是這些應聲蟲，只要稍微違背自己，他也會毫不猶豫地拋棄。

真正有自信的人，對於反對的意見也會靈活地應對並接受。A因為總是在抱怨別人，很多人都覺得A應該也會在背後說自己的壞話，導致他得不到大家的信任。

A因此陷入愈來愈孤立的狀態，但他認為都是因為周圍的人腦子不好，才沒辦法理解自己。

事實上，**擁有高虛構優越感的人並不會努力。想要在不努力的情況下維持高自我評價，唯一的辦法就是批評他人。**

真正有自信和實力的人不會說他人的壞話，而且懂得體貼。

在人的**潛意識中沒有我、你、他、她等人稱**。因此，A**乍看下是在嘲笑對方，但在他的潛意識中其實是在嘲笑自己。**在這樣的情況下，就不能培養出自我肯定感（重視自己的心）。不能真心珍惜自己的人，無法做到體貼，並帶著同理心接觸他人。

把對方當笨蛋，損失的是自己！

75 察覺到他人的體貼

懂得體貼的人，能夠敏感地察覺到對方的體貼。

頂尖業務A會從言語以外的地方注意到對方體貼的一面。

A的太太不太會說感謝的話，但A說他可以從各個方面感受到太太的愛。

例如，A經常因為工作不在家，但只要回到家看到玄關更換的擺飾，像是三月是女兒節、七月是七夕等，就會感受到季節的變化，疲憊感也會一掃而空。此外，從可以均衡攝取到豆類和蔬菜的料理中，可以知道太太煮飯時有考慮到自己的健康，從而感受到太太的愛。

不是藉由言語，而是透過對方的行動感受到對方對自己的關心，所以才會產生出感謝之情，同時自己也會願意體貼地對待對方。

人的內心具有一種「互惠規範（norm of reciprocity）」，這是一種受到親切的對待時，會想要回報對方的心理。因此，必須要有足夠的敏銳度以察覺到對方的體貼。如果將對方做的事視為理所當然，就不會產生感謝之意與想要回報的心情。

搞笑藝人梶原雄太在幫助曾照顧自己的藝人時，經常會說：「對我來說這是在報恩。」他之所以覺得是報恩而不是在幫忙對方，是因為平時就對那些人心存感激。

正如相田光男所說：「會覺得美麗的事物很漂亮，代表你的心是美麗的。」**不是因為有值得感謝的事情才感謝，而是對每件事都心存感謝，才會產生出感謝之意。**

根據美國心理學家羅伯特・A・埃蒙斯（Robert A. Emmons）和邁克爾・麥卡洛（Michael E.McCullough）的研究可得知，比起沒有特別感謝的組別，每天留一到兩分鐘作為感謝時間的組別覺得更幸福，對其他人的態度也會更加溫和，也會主動提供幫助。由此可知，感謝和溫和程度有關。

如果可以敏銳地感受到他人體貼的心意，就會友好地接受對方的行為。如此一來，便能為自己心中的錢包補充正向能量，並且可以帶著同理心和愛心來為他人著想。

提高對感謝的敏感度！

76 不要害怕被拒絕

缺乏自信，害怕被對方拒絕，就會過於在意對方，導致無法主動與對方接觸。

然而，害怕被拒絕是人的一種本能。在狩獵採集時代，人們為了生存會成群結隊地狩獵，以確保食物的來源。所以在當時被團體拒絕，就意味著死亡。

當一個人被整個團體單方面絕交時，就很難過上社會生活。因此，當然會害怕被拒絕。

然而，為了避免被拒絕而進行自我防衛，並將心中的箭頭指向自己是很危險的事。

如果沒辦法將心中的箭頭指向對方，在人際關係出現問題時，就不能客觀地考慮對方的立場後提出解決的方法。最重要的是，當心中的箭頭處於指向自己的狀態時，就不可能影響對方。

蔣甲在世界知名人士發表演講的ＴＥＤ（Technology Entertainment Design）上針對「提高被拒絕免疫力的挑戰」進行討論。他做了許多以被拒絕為目標的挑戰，例如向大樓警衛借錢、拜託別人讓他在院子裡埋球根等。

在多次遭到拒絕的過程中，他察覺到一件事：每一位打算改變世界的人都會被拒絕。金恩牧師（Martin Luther King, Jr.）和聖雄甘地（Mohandas Karamchand Gandhi）等偉人並沒有因為被拒絕而放棄自己，而是在遭到拒絕後採取行動，拓寬自己的框架，並實現自己的願望。

成功哲學之祖拿破侖・希爾（Napoleon Hill）也曾表示：「很多人都害怕他人的批評，覺得會毀掉自己的人生。」

出於好心的體貼也可能會遭到拒絕。但即使被拒絕，你的價值也不會有任何改變，只是單純不符合對方的需求而已。

要生存就不能殺死所有的細菌，重要的是培養免疫力與細菌共存。

體貼也是如此。如果對被拒絕有著很高的免疫力，就能毫不畏懼地為他人著想。

提高對被拒絕的免疫力！

77 即便如此仍然要傳遞自己的體貼

在肯特・M・基思（Kent M. Keith）的著作《不管怎樣，還是要…瘋狂世界，矛盾十誡》中有一段話說：「當一個人做了一件好事時，就會有人跳出來指責說是不是背後藏著對自己有利的動機。即使是這樣，也還是要繼續做好事。」

志工和捐贈者可能會被指責為偽善者。這是因為，從未出於愛的動機而行動的人，無法相信會有不求回報採取行動的人。

我在一所紀律較差的專門學校開設心理學講座課程時，有一位學生弄丟自己的學生手冊。班導師在碰巧撿到這本學生手冊並歸還給那位學生時，學生激動地對班導師說：「為什麼會在你那裡！」一般都會對撿到遺失物的人表示感謝，但以對自己和對方都不好的人生態度生活的人（參考第十一則），沒辦法接受他人的善意。

你的體貼不一定會傳達給對方，但如果因此停止對所有人傳達你的關心，那就太可惜了。

我在做就職輔導的工作時，曾經指導過那些因為沒有笑容而面試失敗的年輕人。

當我與他們交談時，大家都說自己有好感的對象是會笑臉迎人的人。

那為什麼他們都面無表情，沒有笑容呢？

事實上，他們的笑容都曾經遭受到批評，例如「你笑起來的樣子讓人覺得很噁心」。因為一次的批評，他們就不願意再以笑容對待他人。結果導致自己在他人心中留下不好的第一印象，使自己陷入困境。

遇到沒有愛心的人批評你的體貼時，問題不在你的身上，而是在對方的心中。

發明王湯瑪斯・愛迪生（Thomas Edison）也曾說過：「我們的弱點就是放棄。要達到成功的目的，最有用的方法就是不斷地再試一次。」

所謂的體貼是指向他人傳遞善意。因為一次的批評就放棄向他人傳遞善意是一件很可惜的事情。

不要在意批評！

第 6 章

利休七則篇

78 招待的起源是茶道精神

優秀的體貼稱為「招待」，而「招待」的文化又與日本茶湯的精神有關。茶湯的精神是指，將與客人的相會視為一生僅有一次的機會，並為了這個一瞬間就會消逝的茶會時間，花費好幾天做好萬全的準備再迎接客人的態度。

日本人的「招待」包含看得見的事物和看不見的事物。

例如，將看得見的行為「泡茶」，結合看不見的心意「考慮到對方來調整水溫」，就是所謂的「招待」。

從心理學的角度來說的話，「看得見的事物＝意識（言語和思考）」，「看不見的事物＝無意識（身體上的感覺）」。

無論在意識（言語）上針對「這個商品有多棒」向客人說得多麼天花亂墜，只要自己的無意識（內心）認為「雖然這個商品不怎樣，但只要騙騙消費者就能賣出去」，這段無意識的訊息就會傳達給對方。因為潛意識世界沒有祕密，自己的想法會傳達到對方內心的最深處。

其實「招待」也有真心誠意地歡迎客人到來的意思。

心理學也是相同的道理。恭維的話不會影響到對方的內心，只有自己真的覺得很棒，打從心底稱讚對方的優點，才能夠傳達給對方。

在國外，享受他人的服務時要給予小費。服務（service）在拉丁語中是奴隸的意思。享受服務的人和提供服務的人具有上下階級的關係，所以服務基本上是做他人要求的事情，例如「點餐後提供餐點給我」。

然而，招待是即使對方沒有提出要求，也要察覺並行動。日本的餐廳在客人入座時，一定會免費提供溫熱的毛巾。這項日本獨有的待客之道，讓來到日本的外國人感到相當訝異。日本人這麼做並不是想要小費，而是考慮到客人是否舒適而展現的貼心之舉。「招待」是對等的關係，是重視和睦的日本特有的體貼方式。

體貼是真心誠意地採取行動！

79 茶宜濃淡適切

由完善「侘茶」概念的千利休所彙整的茶道基礎稱為「利休七則」。「利休七則」簡單扼要地表達了日本的「招待」精神。

1 茶宜濃淡適切
2 添炭煮茶火溫需恰當
3 花飾自然如在野
4 溫度要冬暖夏涼
5 先於客來備自全
6 晴日猶備急雨時
7 心繫相客無缺漏

「茶宜濃淡適切」的意思是要配合對方隨機應變。

有一家洗衣店會隨機應變地提供服務，例如看到客人衣服上的扣子快掉下來時，會主動對客人表示：「我稍微縫一下固定喔！」這就是為什麼，費用上比別家貴，客人依然絡繹不絕的原因。

日本戰國武將石田三成的三獻茶故事，也是一個關於配合對方的情況隨機應變的軼事。

豐臣秀吉有次在打完獵後順道去寺廟休息。當他向侍童要茶喝時，侍童端來一大杯盛滿的茶，口渴的豐臣秀吉一口氣就喝完了這杯茶。

接著豐臣秀吉要求再來一杯，侍童端來的第二杯茶是在稍微小一點的茶杯裡倒入微溫的茶，這是為了讓豐臣秀吉可以細細地品茶。

當豐臣秀吉要求第三杯茶時，這次端來的是一個只倒入一點熱茶的小杯子。

豐臣秀吉很喜歡這個供茶的方式，於是將侍童收為家臣。這位讓掌握天下之人感到滿意的侍童，就是後來以才智聞名的石田三成。

他藉由做出符合對方需求的體貼之舉，從侍童的身分出人頭地，成為家臣。正因為配合對方的情況靈活應變，體貼的行為才會讓對方感到開心。

根據對方的情況來應對！

80 添炭煮茶火溫需恰當

「添炭煮茶火溫需恰當」是指，要掌握本質後再進行準備。

如果不適當添加炭火，火力就會忽大忽小，熱水就不能正常沸騰。招待也是一樣的道理，若沒有掌握好本質就無法順利進行。

日本茶道表千家的規矩是，一張榻榻米走六步，半張榻榻米走三步。為什麼要規定步數呢？這是為了可以安靜地在榻榻米上行走，以避免在之後準備喝茶的榻榻米上揚起灰塵。如果只是單純學習禮節，知道要用六步走完榻榻米，就會覺得茶道練習很枯燥乏味。相對地，在知道這是為了體貼喝茶的客人這一本質後，就會全身心投入到練習中。

會感動人心的事物都包含**「真善美」**。

「真」是指沒有虛假、謊言。

「善」是指道德上沒有偏誤。

「美」是指美好的。

「真」是本質。UNIQLO的創辦人柳井正氏表示：「理解真善美就是創造力。」

正因為柳井先生非常清楚只有本質才能打動人心，所以才會重視「真善美」這一詞彙，並藉由傳達商品的本質，成功打造出UNIQLO的品牌。

無論是在工作上還是人際關係上，成功的祕訣不在於技巧，而是如何抓住本質。

著名行銷顧問神田昌典曾說過：「戰略是國王，戰術是皇后。工作要成功，重點在於戰略是否正確。如果戰略完美，即使戰術拙劣也可以想辦法解決。但如果是戰略拙劣，即使戰術完美也無法取得成功。」

這個道理同樣適用於體貼。**只要了解對方想要什麼、怎麼樣對方才會高興的本質，即使提供的服務有點不合適，也能夠設法解決。**相反地，只學習技巧而不了解本質，那就不可能順利達到目標。體貼也一樣，在知道本質後就能有效地運用。

掌握本質後再進行準備！

81 花飾自然如在野

「花飾自然如在野」意思是指，就像是在野外盛開一樣，花朵不裝飾才是漂亮。換句話說，所有的一切都要自然簡單，沒有多餘的裝飾才是美麗。

EXILE的前主唱ATSUSHI曾表示，想要發出好聽的聲音，就要擺脫習慣。一般人都認為養成習慣，歌會唱得更完美，然而事實上，擺脫習慣後聲音會更悅耳。

擺脫習慣就表示事情變得更單純、簡單。壽司放在手中反覆揉捏後就不能食用了，體貼也是如此。如果顧慮東顧慮西，考慮過度的話，就不可能順利進行。

瑜伽老師建議A，為了身體健康著想，要盡量多喝水。結果A大聲地回答：「我平常都喝茶，所以我決定每天要喝兩次水！」

然而，瑜伽老師事後發了一封郵件跟A說：「不好意思，今天不小心將自己的價值觀強加在你的身上，如果讓你感到不舒服的話我先說聲抱歉。」A看完這封信後，覺得非常鬱悶。自己明明給予了積極正向的答覆，對方卻寄了一封充滿憂鬱氛圍的信。如果自己是老師的話，就會鼓勵學生：「一天喝兩次水很棒！請從自己可以做到的事情開始加油！」

老師做為指導者提供了正確的知識。但這並不是A目前習慣的一部分，所以老師稍微看了一下對方的臉色，心想：「我將自己的建議告訴A，會不會導致自己的評價下降？」。**像這種在意自身評價的發言，也不會順利傳達給對方。因為關心他人的心意要誠心誠意且簡單扼要地傳達，才能夠傳遞出去。**

蘋果公司的創辦人史蒂夫・賈伯斯（Steven Jobs）曾表示：「簡單比複雜還要困難。因為要將事物簡單化，必須拚命地努力並思考清楚。」

如果擔心這個、擔心那個，想得太過複雜，就沒辦法傳達給對方。重點在於要如何簡單地傳達出真正想傳遞的內容。

簡單扼要地傳達自己的想法！

82 溫度要冬暖夏涼

美國心理學家亞伯拉罕・馬斯洛（Abraham Maslow）提出的「需求層次理論（Maslow's hierarchy of needs）」（參考第九十四則）指出，如果不能滿足低層次的欲望，就無法產生出高層次的欲望。

需求層次理論中最低層次的欲望是「生理需求」。**吃飯、睡覺和溫度等生理需求是讓人們擁有動機的根本需求。**

例如，在參加會議或講座等時候，如果房間忽熱忽冷，無論台上發表什麼內容，底下的聽眾都聽不進去。因此，懂得體貼的人，會在聽眾穿上外套時詢問：「房間是不是有點冷？」並調整冷氣的溫度。

我記得之前一邊說著「好冷喔～」一邊走進星巴克買咖啡時，店員對我說：「外面很冷吧？我幫您將咖啡泡熱一點好嗎？」當下我真的非常開心。

第一層的生理需求是身體本能的需求，是維持生命不可或缺的條件。沒有滿足生理需求，人就不會感到舒適。**每個人對冷、熱等溫度的感受都不同，會根據肌肉量**

等因素而改變，所以能夠敏銳察覺他人溫度感受的人會比較受歡迎。

「溫度要冬暖夏涼」是指重視季節感，訴諸於五感，創造出舒適感。感受季節就是感受四季的豐富變化。

春天用櫻花、夏天用向日葵、秋天用楓葉，冬天特別在聖誕節用聖誕紅等來裝飾的店家，會讓人感受到季節感和豐富的情調。

在季節性的活動或節日吃一些平時不會吃的特別料理是一種習俗。應該有很多人會在過年的時候吃年菜、在端午節吃粽子吧？在醫院負責飲食的營養師也很重視習俗。因為對住院的患者來說，飲食是唯一的樂趣。即使不能回家，體驗到季節感的時候，心情也會愉快許多。

像這樣**設法讓對方用五感享受季節也是一種體貼。**

注意到溫度感和季節感！

83

先於客來備自全

英國海軍軍人霍雷肖・納爾遜（Horatio Nelson）曾表示：「我的人生中所獲得的成功都得益於，不管是什麼場合都會提早十五分鐘抵達的習慣。」

日本麥當勞創辦人藤田田也說過：「相較於急於在短時間內做大事，更應該要花時間做大事。」

如果時間不充裕，不僅不能做大事，也沒有餘力顧慮到他人。

早上通勤高峰時段，車站的人都在趕路，很少人會願意停下讓人問路；相對地，休假日會有比較多人願意親切地幫忙指路。

從小就在父母「快點、快點」的催促中長大的人，從人際溝通分析來說，是擁有「要快一點心理驅力」。一旦啟動這個心理驅力，這些人就會感到著急、煩躁，沒辦法冷靜地面對事物，也無法為他人著想。

我在講座中出了一個作業，讓聽講的人可以體驗「要快一點心理驅力」。

我請聽講者兩個兩個一組，一個人負責摺紙鶴，一個人負責喊話，時間限制三分鐘。第一次是對摺紙鶴的人喊說「快點、快點！沒時間了！摺快一點！」，第二次是鼓勵地說「慢慢來，你一定可以的，按照自己的節奏就好」。結果大部分的人在第一次都只摺到一半，但第二次卻很順利地摺出紙鶴。儘管限制的時間相同，如果心裡不夠從容，就沒辦法完成目標。

人一著急內心就會覺得有壓力，進而無法集中精神處理眼前的事情。因此，與其催促對方「快點做」，不如跟他說「冷靜下來慢慢做」，這樣反而能更快地完成。由此可知，**不催促對方是一種體貼。**

而且為了防止「要快一點心理驅力」產生作用，必須要貫徹「提早時間」的信念。因為時間充裕與內心的從容感有著密切的關係。

要保有充裕的時間！

84
晴日猶備急雨時

「晴日猶備急雨時」是指要做好應對突發事件的準備。

我之前和朋友去購物的時候，朋友在知道我忘記帶環保袋後表示：「我有多的環保袋可以借你。」有很多人會準備雨傘和環保袋，以避免自己感到困擾，但**懂得體貼的人，能夠連同別人的分都一起考慮。**

英國首相班傑明・迪斯雷利（Benjamin Disraeli）曾表示：「我會為最壞的情況做準備，並希望得到最好的結果。」

為意外的情況做準備並不是件輕鬆愉快的事情。

日本有句話是說：「不結繭的毛毛蟲沒辦法羽化成蝴蝶。」意思是，如果沒有做好化蛹的準備，即使擁有在空中飛翔的潛能，也只能一輩子在地上爬行。

我在做就職輔導的工作時，會將這句話告訴學生。要做自己想做的工作，就得累積必要的經驗，並做好取得證照等準備。腳踏實地一步一步往前進時，儘管準備工作很繁瑣，但這是為了造就未來。像這樣為自己準備就已經夠麻煩，更不用說是為他人準備。

有名望的人或事業有成的人，不只是為自己，也會為他人做好準備。

作為頂尖業務經常與企業經營者共事的A，會參加與經營管理有關的學習會，也會學習有助於經營管理的心理學。

當其他人問A：「你這麼忙，為什麼還要學習？」他回答：「因為我覺得學習到的知識會對與我見面的人有幫助。」

在見面前就為了幫助對方而學習的人，與見面後因為需要而學習的人，在戰鬥開始之前就已經分出勝負。

因為在見面前就體貼對方做好準備的心意，會傳達到對方的潛意識中。

在與他人見面之前，就做好相遇後可以幫上忙的準備！

85 心繫相客無缺漏

「心繫相客無缺漏」是日本茶道所謂的「一期一會」。「一期一會」是日本茶道的精髓，意思是「要將茶會視為一生只有一次的活動，珍惜這個機會，誠心誠意對待客人」。

在日本茶道的世界裡，將當天邀請的客人稱為「正客（主要的賓客）」，其他像是與正客一起來的客人或是臨時參加的客人則稱為「相客（同席的客人）」。在茶會上當然要好好招待正客，但對於相客也不能有所疏忽。

真正在事業上取得成功的人，無論是企業總經理還是清潔人員都會一視同仁地打招呼，並與之友好相處。相反地，表裡不一的人，面對總經理時拍馬屁，對待清潔人員則是傲慢無禮。如果只和藹對待看起來對自己有利的人，從長遠的角度來看，沒有人會獲得成功。

有些人在同事問起公司內部流程時，會冷淡無情地表示「自己去查」，但對管理階層的人卻會熱心仔細地說明做法。然而，這種人卻沒有注意到，其實他們的行為全公司的人都看在眼裡。這就像是在公開告訴大家，自己只對出人頭地感興趣，會根據對方是什麼人來改變態度。

在聯誼派對上也一樣，只對目標女性溫和有禮，冷淡地對待對方朋友的人不會受到歡迎。因為女性一起去洗手間的時候，目標女性的朋友會對目標女性說：「什麼？那個人？我覺得他個性很差耶！」相反地，如果是對目標女性的朋友一樣友好的人，朋友也會幫忙說好話。

對他人表現出的體貼，會像迴力鏢一樣回到自己身上。

只將注意力放在有利於自己的對象或目標對象的人，從茶會的角度來說，就是只招待正客。如此一來，就會顯得自己的水準很低。

除了正客外，也會顧慮到相客的人會受到出席者的歡迎，大家都會覺得「這是一場非常棒的茶會」。

「心繫相客無缺漏」是平時不會根據對方是誰而改變態度的人才能做到的事。

態度不要因人而異！

第 7 章

練習體貼篇

86 人會拒絕超過自身器量的事物

有人說不要拿取超過自身器量的事物，那器量的大小又是由什麼來決定的呢？在心理學中，「器量」＝「自我形象（self-image）」。人一般都會不自覺地按照自我形象來行動。

有一個與自我形象有關的寓言故事，內容是說，有一位年輕人在釣魚的時候只捕小魚，釣到大魚就放回海裡。

在一旁看著的老人訝異地問他：「為什麼要把大魚放回海裡？」青年回答：「我家的平底鍋很小，所以要將比平底鍋大的魚放生。」

聽到年輕人這番話，各位是不是覺得：「釣到大魚的話，就切一切放入平底鍋煎不就好了？」

但我們不能嘲笑這位年輕人。人就跟這個年輕人的平底鍋一樣，無法接受比自己決定好的自我形象還要高的事物。

在工作上遇到一個很好的機會時，如果深信自己沒有那個能力，就會拒絕委託或是犯下錯誤。當條件很好的人向自己告白時，若是覺得對方不可能會喜歡自己，就會拒絕接受對方的心意並採取冷淡的態度，甚至導致對方離自己而去。

於是就如心裡想的「我就知道他不喜歡我」，不自覺地採取行動，以得到與自己的自我形象相符的結果。佛陀也曾教導說：「心就是一切，你就是你認為的那個樣子。」

體貼也是如此，認為自己沒有價值，無法信任他人的人，既心胸狹小，自我形象也很低落。因此沒辦法坦率地接受他人的善意和關心。

善意和關心是一種能量。器量狹小又沒有能量的話，內心會總是空蕩蕩的。這就表示不會產生出給予他人的善意和能量。

換句話說，討厭自己的人（認為自己氣量狹小的人）不可能會待人親切。

提高自我形象！

87 飲食方式就是生活的方式

各位知道嗎？你的性格是由你的腸道細菌決定的。腸被稱為是第二個大腦，腸道細菌會在產生神經傳導物質時發揮重要的作用。有許多人都在針對腸道細菌的種類和數量出現變化時，會傳遞到神經並對性格和行動造成影響進行研究。愛爾蘭科克大學專門研究神經科學等領域的約翰．F．克萊恩（John F Cryan）教授表示：「某些種類的腸道細菌會對精神狀態產生良好的影響。目前已經得知，將這些細菌注射進白老鼠的體內後，可以提高應對焦慮和壓力的能力。」

我在擔任聯誼研討會的講師時，發現聯誼不順利的人，很多都有偏食的現象，例如只吃一樣的食物、只吃肉不吃菜、不吃正餐用點心填飽肚子等。這些偏食的人，往往比較自我中心，不太會考慮到對方。也就是說，**飲食不均衡時，思考的方式和對待他人的方式也會有所偏頗。**

一般來說，進入日本醫療少年院的孩子中，約有百分四十六的人習慣自己一個人吃飯（獨自在家吃飯），而且其中幾乎所有人都有偏食的情況。

我在罹患癌症後，毫不猶豫地改變了我的日常飲食。減少攝取乳製品和動物性食品，並採取以糙米和蔬菜為主的延壽飲食（Macrobiotic Diet）。當我開始進行延壽飲食，並減少砂糖的攝取量後，花粉症的症狀減輕許多，體重下降了十公斤，基礎體溫也跟著上升。

延壽飲食料理教室的老師過著對地球和人都很友善的生活。他在小孩食堂做志工，而且還參與了保護蜜蜂的活動，不使用具有殺蟲效果物品。有在關心食物方面的人，大多都懂得為人和地球著想。在心理學上還認為，部分會顯現在整體上，例如房間亂七八糟的人，包包裡也不會整齊。

能夠善待某事物的人，也可以在其他領域發揮出這種善意。人類這種生物，當自己的心情不好時，就沒辦法溫柔地對待他人。如果想要為他人著想，就要調整自己的身體狀態。也就是說，注意飲食也很重要。你的飲食方式就是你的生活方式。飲食會形成你的生活方式和對待他人的方式。

藉由健康的飲食來調整腸道環境！

88

要經常留意自己與周圍環境的連結

能夠體貼的人具有想像力；相對地，沒有想像力的人只能藉由完全符合自身思考邏輯的比喻來學習。

在工作找得不順利的求職者中，有些人會說：「我對任何公司都沒興趣，只要能領到薪水就好。」

我舉個例子問這些人：「結婚就和求職差不多，如果有個人對你告白，然後說『只要有錢，跟誰結婚都可以』那你會跟他交往嗎？」這時，能夠理解並表示「那會覺得很討厭耶！原來是這樣啊！」的人，就會修改自己求職動機和心態。

但有些人無法理解用聯誼所做的比喻，覺得：「想要錢又不是壞事，所以沒關係。」這代表他們沒能掌握話題的重點。沒辦法掌握話題重點的人，不可能了解他人的心情。

此外，在以對方的立場來說明時，例如：「如果一家企業收到許多求職者的履歷，那他們會選擇只對錢感興趣的人，還是選擇對公司展望和工作內容有興趣的人呢？」有些人可以迅速地了解，但**很難要求那些習慣將自己和他人完全切開來思考的人站在對方的角度來理解。**

對他人的情緒不敏銳的人，經常會有的口頭禪是「和我沒關係」。**重要的是，平時就要注意到自己和對方、自己和世界是相連的（有關係）。**

被提名為諾貝爾和平獎候選人的越南僧侶釋一行禪師用「Interbeing（相互依存）」一詞傳達佛教的概念，即「宇宙中所有的事物都是相互依存，並且是偉大事物的一部分」。這就是所謂的在一張紙上看到雲，意思是「雲降下的雨水讓樹木成長後就能製造成紙張」。也就是說，世界上發生的一切都與自己相連。

到目前為止已經不斷強調體貼是由愛和想像力構成的。若是覺得與自己無關，那既不能體諒他人，也無法為他人著想。**這個世界上不存在與自己無關的事物。**

正如釋一行禪師所說的「在這裡」就是所謂的「共同存在」。

捨棄自我主義的思考方式！

89 解讀氣氛和言外之意的文化

日本是一個島國，文化與人民的價值觀相近，所以產生了不需多說就能相互理解的默契文化。相反地，在被稱為「種族大熔爐」的美國，清楚地用言語交談才是常態。

人類學家愛德華・霍爾（Edward Twitchell Hall Jr.）提出將像日本和中國這種看氣氛的文化稱為「高情境文化（High-context culture）」，歐美等用言語交流的文化稱為「低情境文化（Low-context culture）」的說法。

在「高情境文化」中，相較直接表達，更喜歡簡單、模糊的表達方式。**除了言語外還需要「解讀言外之意」的溝通技巧**。也就是說，必須要有想像力。

另一方面，在「低情境文化」中更喜歡直接、明確的表達方式。

現為觀光接待（Inbound）培訓講師的前空服員A表示，日本人有一種文化是「即使在職場上也要觀察前輩的行動，推測出下一步需要什麼後採取行動」。當A還是空服員時，他總是得設法預測前輩的工作，以便從旁給予幫助。

但A現在在擔任以外國人為對象的接待培訓講師時，會告訴學員這些常識並不適用於外國人，因為外國人認為「沒有明確告知應該怎麼做，是很不友善的行為」。向外國員工下指示時，必須要具備可以直接且明確下指令的技能。

舉例來說，在日本，主管對頻繁發生失誤的下屬說：「工作前稍微動動腦吧。」下屬會讀懂言外之意，並回答：「非常抱歉，下次我會多注意。」但如果是外國人下屬，就會回答主管：「是要想什麼？」在「低情境文化」中，必須要想辦法透過言語來傳遞所有情報。

相對的，**在日本的「高情境文化」中，溝通交流時必須解讀氣氛和對方言外之意。**也就是說，必須鍛鍊想像力。

從這個意義上來說，日本是體貼難易度最高，最適合進行關心他人訓練的地方。

推測需要什麼後再進行應對！

90 天堂和地獄的長筷子

前空服員A在參加同期聚會後表示那是一個非常愉快的聚會，因為全部的人都會盡自己所能地為對方著想，例如在餐廳吃飯時，店員一上菜，大家都會分享餐點，以及結帳時會迅速計算費用並平均分攤等。

有一家公司，前輩會將雜事推給新人，也就是跟當初自己剛進公司時前輩逼迫自己做那些討厭的雜事一樣，自己也將這些工作推給後輩。當然也有一些必須要做的雜事，但如果沒辦法幫助員工掌握本職工作的技能，那做再多也沒有意義。

當一家公司內部有完整的培訓制度時，遇到新進員工的實務能力不夠好的情況，就會針對不足的地方確實地進行培訓等。這是因為，相較於將雜事一股腦交給他們做，學習或累積能夠做好實際業務的經驗，更能提高生產效率。

在前輩只會為了減輕自己的工作量，就用過去自己也曾這麼被對待為藉口，將雜務都強加給新人的公司，能力好的人因為覺得這是在「浪費時間」而選擇離開公司。

另一方面，**在前輩會幫助後備培養能力的企業裡，後輩也會願意為了前輩努力工作。**

換句話說，無論是好的氣氛還是壞的氣氛，都會形成循環。

各位聽過天堂和地獄的筷子這個故事嗎？無論是在天堂還是地獄，都得用三尺三寸（大約一公尺）長的筷子，而且兩邊的飯桌都會擺滿山珍海味。在地獄，每個人都會爭先恐後搶著吃飯，但長筷子沒辦法將食物放入嘴裡，還有一些人會搶別人的食物，所以大家都瘦得跟皮包骨一樣。另一方面，在天堂裡大家會互相用長筷子將食物夾進對方嘴裡，所以每個人都很豐滿而且吃得很開心。

只有放下只有自己好就好的私慾，將對方視為和自己一樣的珍貴存在，才能做到先給予對方。

體貼也一樣。因為想要讓自己感到輕鬆，就陷入讓對方去做就可以的私慾中，並不會產生良好的體貼循環。以為人著想並壓抑一己私慾的態度來對待他人，就能產生良好的體貼循環。

壓抑私慾，給予對方！

91 想要更多的是自我

沒有接受自己內心深處的人，會過度地渴望他人肯定自己。而且**強烈需要他人認可的人無法真正地體貼**，因為心中的箭頭只會指向自己。當一個人一心尋求對自己的認可，那就沒辦法給予對方肯定。

在心理學上認為「想要更多」的是自我，基本上人類需要的並沒有很多。

我參加的正念冥想的僧伽老師釋一行禪師曾說過：「我不需要大房子，我喜歡從這個小涼亭的窗戶看出去的景色。」人過著心靈充實的生活，就不需要太多物質上的事物。

據說德蕾莎修女去世時，只帶了兩件破舊的紗麗服和一個小包包。

用憐憫之心對待其他人時會得到他人的感謝，但更重要的是，給予會讓自己的內心感到滿足。

釋迦牟尼佛對去化緣的修行僧說：「不要去有錢人家，去窮人家看看。」修行僧嚇了一跳，再次問道：「有錢人家犯了什麼錯嗎？」結果釋迦牟尼佛回答：「富裕的人是因為至今一直為人付出才會富裕。窮人不施捨予他人，所以才會愈來愈貧困。」

若是想要募集金錢，那去有錢人家化緣才是上策，釋迦牟尼佛這麼說，是想要讓窮人擁有為人付出的精神。

日蓮聖人曾說過：「施捨於人就等於是在幫助自己。例如，為了別人點燃燈火，自己的眼前也會變得明亮。」

也就是說，為別人點燃燈火時，也會照亮自己的前方。**體貼也是看似是為了對方，其實是在充實自己的內心。**

與其讓他人關心自己，體貼對方更能得到滿足，這就是所謂的人心。

給予而不是尋求！

92
期待是一種撒嬌

各位是否有過煩躁地覺得「就算我不說，你也應該要懂吧！」的經驗呢？**事實上，「就算不說出口，也希望對方會理解」的心理是一種期待，也是一種撒嬌。**

精神分析學家土井健郎在著作《撒嬌的結構》（暫譯，原書名「甘えの構造」）中如此定義：「撒嬌的心理是在否定人類生存時本來就會隨之而來的分離，並試圖拋棄分離帶來的痛苦。」

例如，嬰幼兒時期的孩子覺得與父母是一心同體，這種感覺是媽媽哭泣時孩子也會跟著哭。然而，在長大成人後，如果與他人有這種心理上的一體感，也不會有良好的人際關係。之所以會有「為什麼不了解我？」的想法，是因為心理上的一體感潰散，對方沒有達到自身期待，讓人覺得遭到背叛而感到失望。

當對方不接受自己想要撒嬌的心情時，人的內心就會湧出「鬧彆扭」、「曲解原意」、「埋怨」的心情，並產生被害者意識。舉例來說，對方不接受自己的撒嬌時湧出憤怒感是撒嬌型攻擊。前幾天在搭滿人的捷運上，孩子邊哭著大吼「我想坐著！」邊生氣地打媽媽的腳，這就是所謂的撒嬌型攻擊。

一個人的依賴程度愈強就愈有攻擊性。例如，夫妻間的言語暴力和精神虐待，也是因為過度干涉、期待對方了解自己。但人不可能完整得知並照顧他人的內心。

一個身心健康的成人，如果覺得不喜歡就會遠離對方。但無法獨立的人，一旦開始依賴對方後就無法離開。也就是說，在抱怨父母的同時，還持續跟父母住在一起的人，無論是在經濟上還是精神上都無法獨立。

如果一個成年人像小孩子渴望父母一樣，擁有渴望心理上一體感的撒嬌，就無法為他人著想。就如同孩子撒嬌要求父母照顧自己一樣，只會擁有以自我為中心的觀點。因此，必須培養心靈。

人是一種無法獨自生存的生物，有時也需要依賴他人或向他人撒嬌。但總是如孩子跟父母撒嬌般，因為對方無法滿足自己所有的欲望而感到不滿，這種行為非常幼稚。懂得體貼的人，能夠和對方適當地保持成年人的距離感。

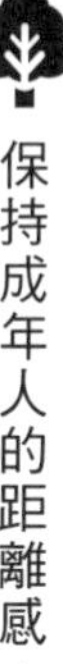

保持成年人的距離感！

93 自己往心中的杯子裡倒水

「想要獲得好評而努力工作」、「念書是想要得到父母的稱讚」等都屬於外在動機。這是一種受人控制的動機，行動的目的不在於行為本身，而是藉由行為獲得外部的讚揚。內心會被他人的評價這種極其不明確的因素所左右，對他人的反應一下開心、一下憂心。在這種情況下，根本就無法顧慮他人。

「努力工作是因為喜歡工作」、「念書是因為覺得學習很開心」等則是屬於內在動機。行動的目的是行為本身，也是基於自己的興趣。

只要將外在動機轉變為內在動機，就不會受到想要得到認可的欲望所左右。也就是說，不再需要看他人的臉色。

想要獲得他人的肯定是「他人認可（外在動機）」；能夠自己肯定自己是「自我認可（內在動機）」。小時候每個人都會尋求他人認可，想得到父母和學校老師的肯定。但**在長大成人後，如果只有在得到他人肯定時才會覺得自己有價值，那在得不到肯定時，就會被自卑感和無力感淹沒。**當自我肯定感（認為自己是重要的存在）

不夠高時，內心會經常覺得有一種欠缺感。所以能夠自我肯定，覺得「自己本來的樣子就很棒」的人，就不需要他人的認可。

「不知不覺又在自誇」、「想要受到大家的關注」、「在意他人的批評」、「跟一群優秀的人待在一起會覺得不舒服」，符合這些條件的人中，大部分的人都具有強烈希望得到他人認可的欲望。

例如，想著會不會有人願意為自己的空杯子倒水的人，一般都處於被動的立場，他們將喝水的時機交由他人決定，有時甚至會遇到得不到水的情況。相反地，自己往杯子裡倒水的人，不管何時都可以自己倒滿水，所以不用為喝水的事情煩惱。自我認可就是自己滿足自己的內心。

愈是依賴他人認可，自我認可的力量就愈薄弱，導致自己困在他人的評價中，進而愈來愈不懂自己喜歡的是什麼、什麼可以為自己帶來快樂。**要以愛和關懷這種單純的動機來對待他人，就必須具備自我認可的能力。**

將他人認可轉變為自我認可！

94 自我消失後就會顯現出愛

各位是為了什麼才會想要為他人著想呢？

美國心理學家亞伯拉罕・馬斯洛假設人類是一種不斷追求自我實現的生物，並將人的動機歸納為需求層次理論。在這個基本需求中，必須要滿足低層次的需求，才會顯露出更高層次的需求。

① **生理需求**（physiological needs）：以食慾和睡眠欲望為代表，是維持生命不可或缺的需求。飢餓感沒有得到滿足時，就不會顯露出下一層次的需求。

② **安全需求**（safety needs）：無論是在身體上還是經濟上，都希望可以安心生活的需求。畢竟無論是誰都想避免災難、疾病和生活貧困。

③ **社交需求**（Love and belonging needs）：想要融入某個群體的需求，例如家庭或社會。

④ **尊重需求**（esteem needs）：又稱尊嚴需求，是想要得到認可的需求。認可需求還可以進一步分為「低等級的認可需求」和「高等級的認可需求」。「低等級的認

可需求」是尋求他人的關注和稱讚的需求；而「高等級的認可需求」是指，無論他人怎麼想，都想以自己的標準認可自己的需求。

⑤自我實現需求（need for self-actualization）：想要以自己的方式生活的需求。這是滿足前面四項需求後才會顯露的需求。相對於前四項是匱乏需求（deficiency needs），⑤是成長需求（growth needs）。

在為他人著想時，如果是為了得到好評才採取行動，就會受到「低等級的認可需求」刺激。「高等級的認可需求」是肯定自我，認可自己，專注於自己的夢想，你的夢想就會與他人的夢想相互交會。

聖人曾說過：**「首先要做的是為了自己努力。當所做的努力牽涉到為他人付出，你就會獲得成功。」真正感到滿足的人會超越個人的欲望，並且以將自己用在幫助他人或世界上這種單純的動機來實現自我。**

如果能夠以內心湧出的愛為動機來體貼，那就不會再有在意評價的自我存在。

體貼是以愛為動機！

95 內心缺乏的燃料是自我認可

當一個孩子在成長過程中，從父母那裡獲得許多附帶條件的稱讚，例如「你是個聽話的好孩子」等，內心會因為背後訊息「如果做不到就會被丟掉」而充滿不安。此外，如果從小和他人比較到大，例如「姊姊明明都可以做得很好，你怎麼這麼沒用」，內心就會一直有一種欠缺感，只要他人沒有認可自己，就不認為自己具有存在的價值。也就是說，無法培養出自我肯定感。

愛著自己的人才會真正地愛自己並為他人著想。在肚子餓的時候，沒辦法做出將食物分給他人的行為；但當自己吃飽的時候，當然就會將剩餘的食物分給他人。同樣地，**當自己心中有愛的能量時，也就能夠將愛分享給他人。**

為此，就必須重視自我認可。自我認可是一種可以在不受他人左右的情況下給予自己的能量。

讚美自己是有條件的，例如「在工作上取得好成績了！我做得真好！」、「考過很難考的考試了！連我自己都覺得自己很棒！」。重要的是，就算沒有取得好成績，就算沒有通過考試，不管結果如何，都要無條件地安慰、稱讚自己「你很努力了」。

人一旦感到絕望，精神能量枯竭，就可能什麼都做不了，無法去公司上班，也沒辦法做家事。在這種情況下，人往往會責怪自己不夠努力、什麼都做不好。

然而，真正感到痛苦的時候，其實不必做任何事。如果今天還能夠活著吃飯、睡覺，那就沒什麼問題。

當自己的精神能量耗盡時，就會罹患憂鬱症等疾病。所以要像檢查油表，避免汽油用完一樣，**注意自己還有多少精神能量，必須要有足以肯定自己的分量。**因為要補給自己的精神能量時，最近的加油站就是你自己。自我認可是距離最近、最安全的能量補給方式。

給予自己積極無條件的肯定！

96 要以如同太陽般溫暖的關懷來對待他人

A是國稅局調查員，他的工作是到企業找出證詞和證據，確保企業沒有逃漏稅。即使是面對那些有逃漏稅嫌疑的企業，A也會注意要用禮貌有誠意的態度來說話。因為在閒聊中經常會暴露出隱瞞的銷售額以及虛報的經費等。

某次A在調查一家涉嫌少報實際客戶數並隱瞞銷售額的企業時，根據自己多年的直覺，認為應該還有一本隱藏帳簿。在調查的過程中，總經理表示要去跟會計主管確認一下，去了將近二十分鐘都沒回來。A對此有不好的預感，急忙趕到總經理所在的地方，結果發現他正在試圖銷毀隱藏帳簿。這時A對他說：「請等一下！現在說實話還不遲！」這是為了讓準備銷毀證據的總經理放下心來。接著，A冷靜地針對隱瞞所得的理由提出詢問：「你會這麼做應該是有原因的吧？」總經理坦言，因為害怕申報正確的客戶數量，消費稅會暴增，才決定隱瞞事實。

A在發現隱藏帳簿時，也可以嚴厲地追究「你在做什麼！這是違法的！」、「為什麼要做這種事？」。但A理解盜賊也有三分理的道理（做壞事也有相應的理由）。即使是申報不實的人，A也會傾聽對方不得不這麼做的理由，並說服他們繳納正確的金額。後來，這位總經理寄給A一封反省自己的行為和感謝A的信。

內容大概是：「謝謝您為做壞事的我著想，並依然客氣地對待我，我不會再犯了。」

這位總經理因為A的應對而感到羞愧，並且對於隱瞞所得感到內疚。

當然可以一再地指責犯錯的人，但這麼做的話，他們不會打從心底反省，可能會再次犯下相同的錯誤。最重要的是，讓他們改過自新，不會再犯下相同的錯誤。

體貼應該跟太陽一樣溫暖，而不是跟北風一樣寒冷，這樣才能幫助對方不再說謊並改過自新。改變對方生活方式的體貼才是有意義的。

不要責備已犯下的罪刑，而是要促使對方改過自新！

97 體貼追求的是品質而不是多寡

韓國經典古裝劇《大長今》中，有一幕是御膳房最高尚宮對其弟子長今說明什麼是體貼。

老師要年幼的長今去取水。一開始長今拿來了用瓶子倒出來的水，但老師不願意喝。接著她陸續拿了冷水、溫水、河水，但老師一杯都沒有喝。

無論長今怎麼做，老師都只是反覆要求她拿水來，感到不耐煩的長今問道：「為什麼都只重複一樣的話？」老師反問她：「妳母親以前為妳倒水的時候，什麼話都沒有說嗎？」長今才注意到問題所在。她詢問老師的身體狀況：「今天有沒有肚子不舒服或是喉嚨很渴的情況呢？」並在她認為對老師的身體狀況最好的溫度和時機倒水給老師喝。

也就是說，要講究體貼的品質，不只是單純的倒水，還要考慮飲用者的身體狀況、喜好和心情。老師教導說：「料理是對人的關懷，水是料理的一部分。」為了讓水成為料理的一部分，不可以什麼都不想，每次都拿一樣的水。

體貼也是如此，若只是按照員工手冊重複做相同的事，品質就不會得到提升。同樣的道理也適用於鍛鍊肌肉。鍛鍊肌肉時，重點在於要將注意力放在鍛鍊的部分。鍛鍊過頭也會造成肌肉損傷，應該要每次都比剛剛多加一點負荷，這樣的鍛鍊才能長出肌肉。

一家餐飲店的兼職店員問經常來消費的客人：「有我們的集點卡嗎？」那位客人每次都回答：「沒有。」這是反覆重複員工手冊上的對話（量），但品質並沒有得到提升。在某個時機對客人說：「要辦一張集點卡嗎？」才是在提高品質。

體貼也要考慮到對方，並努力做一些之前沒有做過的事，水準才會提高。

要提高體貼的品質，就必須將心中的箭頭指向對方。

慢慢地嘗試過去沒做過的事！

98 活力會吸引活力

明明沒有遇到不愉快的事，卻總是身體往前傾，表情陰沉地碎碎念，這種人基本上不會有什麼朋友。因為一般人都不會想要再次見到那種在見面時會感到心情憂鬱、沉重、冷漠的人。

相較之下，總是很開朗的A就完全相反。A在母親去世後傷心了將近一年，但只要一到公司上班，他就會一如既往地開心工作。

A對此表示：「我從工作中得到救贖，因為待在家就只會覺得心裡很不好受。在公司裡像往常一樣行事，能夠幫助我擺脫悲傷情緒，重新站起來。」

A的情況是，在自己心情低落時，避免表現得很陰沉讓對方費心，而且藉由如往常一樣的情緒來度過工作時間，自己的心情就能迅速地重新振作。

近年來的研究顯示，即使是假裝在笑，也會促使被稱為腦內毒品的多巴胺和內啡肽分泌，並增加大腦的血流量，進而活化自然殺手細胞，提高身體免疫力。**就如同俗話所說的「笑口常開好運來」，微笑既是在體貼他人，對自己的健康也有好處。**

我罹患癌症的時候，有人曾跟我說：「就算生病，也不要一副病人的樣子。」

B是一位癌症存活者，而且曾多次參加檀香山馬拉松，他對我說：「我並不是因為恢復健康才跑步的，而是因為跑步才恢復健康。」不是因為發生讓人恢復精神的事，才會有活力，而是像是因為表現得很有活力，才能夠露出笑容一樣地做自己。

戴爾・卡內基（Dale Carnegie）也說過：「你是想跟陰沉、不幸、不高興的人相處，還是想跟看起來很幸福、快樂的人來往呢？心情和態度會像痲疹一樣傳染，所以自己散發出的氛圍，必須是投射在他人身上也沒關係的良好氛圍。」

在與必須小心翼翼相處的人見面時，心情完全無法放鬆，感覺會很不舒服。正如英國作家喬治・艾略特（George Eliot）所說的：「露出微笑會交到朋友，愁眉苦臉只會長皺紋。」

隨時都要保持笑容！

99 體貼是傳承下來的

我有一位擔任護理師的朋友，她有一個女兒在美食外送公司打工。

那位女兒在送貨去市營住宅時，遇到一位獨自居住的一百歲老爺爺吉田（化名），於是她跟母親分享了關於吉田的故事：

吉田每天都會打電話點壽司午間套餐，所以只要電話響，就知道是吉田先生打來的。通常這個時候我就會去接電話。因為吉田先生假牙太鬆，其他人都不知道他在說什麼（笑）。

送餐也盡量是由我來送。畢竟他都一百歲了，按電鈴也不會有反應，其他工作人員都會覺得很煩躁，對他態度很差。不過老爺爺嘛，聽不見、動作也慢也很正常，所以我都會稍微打開大門，對著裡面喊：「壽司到了喔——！」

接著，像仙人一樣的吉田先生會拿著錢，一邊抓著周邊的東西，一邊很慢很慢地走到門口。因為每次拿給我的錢總是溫溫熱熱的，一想到「吉田先生一定是打完電話後一直在等著餐點」我想氣也氣不起來。有時也會遇到給的錢少十塊的情況，畢竟我也是在工作，只好對吉田先生說：「錢不夠喔。」然後仙人又會很慢很慢地走回房間，一想到他要找錢就覺得很可憐，於是我就會改口說：「剛剛重算了一下發現錢沒有少。」儘管要自掏腰包墊錢，不過這個恩惠會在天堂得到回報，想想也就覺得沒關係。

從公司的角度來看這不符合規定，但我是以個人的身分來做這件事，所以應該沒問題吧！我請吉田先生讓我將壽司送到房間門口，他雙手合十非常開心。也許他一整天和其他人說的話也只有這些，所以今天才又打來點餐。

從這個故事來看，朋友的女兒送的不是壽司，而是溫柔。**我覺得她為老人和身障人士著想的心意，是作為護理師的母親遺傳給她的。**

我因癌症住院時，她的母親在看護自己的父親和其他人的同時，順便到我的病房提供各方面的照顧。我打從心底地感謝她在我最脆弱時，細心周到地照顧我。

所以我才會說，母親在背後將包含愛和體諒的關懷之意傳承給女兒。

你體貼的心意會傳承給他人！

100 最後的關懷

我對父親的印象只有兩個。一個是在我兩歲左右，與我一起餵柴犬喝水的高大父親，另一個是他快要去世前的樣子。

我的父母在我兩歲的時候離婚，哥哥跟著父親，我跟著母親。我是在上高中的時候，才與快要離世的父親重逢。

當時父親得了癌症，躺在病房的床上打點滴。近一百八十公分高的身體消瘦不堪，還穿著尿布。

當我走進病房時，父親開口說的第一句話是：「妳如果對我有什麼不滿，不管是什麼都說出來吧。」那時我搖著頭哭了，因為父親在明明只要擔心自己病情的情況下還在為我著想。

或許內心其實多少有點怨言，例如「為什麼留下我只帶走哥哥」。但**父親臨終前為我著想的那句話，使我之前所有的想法都煙消雲散，不管是什麼事我都可以原諒他。**

所以，我現在只有關於善良父親的記憶。

父親在病床說他想喝水，但我只能將冰塊放入他的嘴裡讓他含著。受到治療的影響，父親一喝水就會嘔吐，所以喝水只會讓他更加痛苦而已。

在我去探病後，過沒幾天父親就去世了。

好幾十年後，我也得了癌症。當下**我深切地體會到，當身體不適時，體諒他人有多麼得困難。**

我隔壁床位的人因為抗癌藥的治療飽受折磨，所以無論是看到來探望的家人還是護理師都會大發脾氣。甚至還對在醫院走廊進行復健的奶奶怒吼：「吵死了！」但我覺得這也沒辦法，畢竟是採取連健康細胞都攻擊的抗癌劑治療，對一般人來說真的是會痛苦到極點。正因為如此，父親在病魔纏身的情況下還在為我著想，真的是很值得尊敬。

我也想要在即將離世的時候，關心、感謝身邊的人後再啟程離開。

要帶著就算人生結束也要能夠體貼的心！

後記

謝謝各位看到最後。我總是從相遇的人所展現出的樣子（生活方式）學到人生中重要的事物。就連體貼也是從一位重要的朋友那裡學到的。

「不用給我回禮，如果看到有人遇到麻煩，你再幫個忙就好。」這是二十八歲年紀輕輕就去世的朋友留給我的話。

他總是戴著狩獵帽，拿著單眼相機拍照。

嘴巴說著「我只會拍拍掉下來的東西」邊拍著漂流木。當時我用他的照片製作藝術作品，並舉辦團體展。

有一次我在他家找到一套可愛的餐桌套組。

我：「這個餐桌套組也太可愛，我也想要。」

他：「妳拿走吧！」

我：「可以嗎？也太不好意思！」

他：「沒關係啦，我沒在用，妳拿走吧！」

因為我住在附近，於是他用腳踏車將小餐桌組搬到我家。

我們一邊閒聊一邊走到我家。

我：「我下次再給你回禮。」

他：「不用給我回禮，如果看到有人遇到麻煩，你再幫個忙就好。」

當時我學會了，即使不將他人給予的善意還給本人也沒關係，只要再把接力棒傳給別人就可以了。

幾年後，他罹患白血病，離開了人世。

他去世時剛結婚半年，太太懷孕六個月，遺憾的是，他沒能見證自己孩子的誕生。

之後我收留了他在臨終前一直很擔心的貓。

那時我開始學習心理諮商，希望能幫助因為失去他沉浸在悲痛中，什麼事都做不了的太太。以「想救一個人」的想法開始學習的諮商，引領我進入心理學的世界，最終挽救了我自己的人生。

我現在得到一個機會，可以將在學習的過程中獲得的想法，以及如何以輕鬆的心態生活的祕訣一點一滴地集結成書，傳達給需要的人。即使只有一點點，希望能夠透過這本書，將朋友教會我的體貼接力棒傳給各位。

那麼，各位接下來要將至今收到的體貼接力棒傳給誰呢？

藤本梨惠子

■作者簡歷

藤本梨惠子

Fine Mental Color研究所代表
美國NLP協會認證NLP高階執行師（NLP Master Practitioner Certificated）
日本國家資格　職涯顧問
企業諮詢師
個人色彩分析師
色彩治療師

出生於日本愛知縣，曾從事設計師工作10幾年，當時每個月加班超過130小時，導致門牙因為壓力過大而斷裂。剛好有位友人在這段時間去世，因而開始思考「何謂幸福的生活方式」，進而正式學習職涯諮詢和心理學。
以NLP心理學為重心，掌握並整合了教練、諮詢和正念冥想等方法。並利用這個方法成為一名獨當一面的職涯諮詢師兼講師。
目前在各企業、大學和公家機關的演講次數超過2000次，且為超過1萬人提供從婚姻到就業方面的諮詢。目前已經透過教練、個人色彩分析師、色彩治療師、骨骼診斷分析師等專業培訓講座，培養出500位以上的畢業生。個人診斷人數則是超過1000人。
著有《なぜか好かれる人がやっている100の習慣》（明日香出版社出版）
Fine Mental Color研究所　https://finecolor.com/

學會「體貼」，讓人生更加順遂

出　　版／楓葉社文化事業有限公司
地　　址／新北市板橋區信義路163巷3號10樓
郵政劃撥／19907596　楓書坊文化出版社
網　　址／www.maplebook.com.tw
電　　話／02-2957-6096
傳　　真／02-2957-6435
作　　者／藤本梨惠子
翻　　譯／劉姍珊
責任編輯／王綺
內文排版／楊亞容
校　　對／謝宥融
港澳經銷／泛華發行代理有限公司
定　　價／350元
初版日期／2022年10月

國家圖書館出版品預行編目資料

學會「體貼」，讓人生更加順遂：不消耗、不勉強自己的100個貼心小習慣 / 藤本梨惠子作；劉姍珊譯. -- 初版. -- 新北市：楓葉社文化事業有限公司, 2022.10　面；　公分

ISBN 978-986-370-462-1（平裝）

1. 人際傳播 2. 人際關係 3. 生活指導

177.3　　111013502